サクッとわかる

ビジネス教養

中国近現代史

岡本隆司 監修
京都府立大学 教授

新星出版社

はじめに

introduction

日本人にとって最も近くて遠い国「中国」
理解の近道は近現代の歴史をサクッと知ること

21世紀も20年を経過した今日、ますます世界はグローバル化しています。その中で、日本人にとっての焦点はやはり中国でしょう。

猛威をふるっている新型コロナウイルスも、起こりは中国でした。その少し前まで、インバウンドで日本を席巻していたのも、中国の人々でした。とかくグローバル化というと目を向けがちなのは欧米ですが、実際にわれわれが接触し、応対し、また問題とするのは、圧倒的に中国のほうが多いのです。

ならば、まずは**中国のことを知らなくてはなりません**。とりわけそれは実務の世界・ビジネスシーンで、最も喫緊の課題であるはずです。

ところが、中国は謎です。こんなに近くて、こんなにたくさんの人がいて実見もしてきたのに、われわれの常識で計り知れないことが多くあります。インバウンドの以前もそうでしたし、コロナの目前もそうです。

それなら、どうすれば中国がわかるのか。おすすめは、**歴史から知る**ことです。

どうして中国はあのような行動をとるのか、やはり過去の経歴から考えてみるのが、理解の近道だと信じます。といって一から歴史を勉強するとしても、中国４０００年ではあまりに長すぎます。**中国の今を知るには、アヘン戦争からコロナまで、現在に直接つながる近現代をひと通り**つかんでおけば問題ありません。

とはいえ今も昔も、中国の歴史はややこしくてわかりにくい。そこで本書では「サクッとわかる」にこだわって、イラストや図版を多く使いながら、構成に工夫を凝らしてみました。第1章で近現代の歴史の流れを3ステップのビジュアル年表で示し、第2章では中国の本質に迫る思考原理を紹介し、第3章は現代中国にまつわる疑問点を歴史をさかのぼって解説しています。それぞれを組み合わせて、よりよく「わかる」ことをめざしたつもりです。

たくさん知識のある物知りが、必ずしもよく「わか」っているわけではありません。**基本的な枠組みと要点と流れを知っておく**だけでも、見え方はずいぶん違うものです。そこにこだわって編んだ本書が、ビジネスに携わるみなさんを中心に、少しでも中国理解のお役に立つことを願っています。

京都府立大学教授　岡本隆司

サクッとわかる　ビジネス教養　中国近現代史　CONTENTS

デザイン …… **鈴木大輔、仲條世菜（ソウルデザイン）**
イラスト …… **山本麻央**
DTP …… **高八重子**
企画 …… **千葉慶博（KWC）**
編集 …… **鈴木久子、長谷和希子、木原綜佑（KWC）**

近いようで遠い国
中国。
彼らの考えを
説明できますか？

思想を理解して
中国を知る

「爆買い、暴動、言論統制……」。中国は日本と同じアジアの一国であるはずなのに、われわれには理解できないことばかりです。それもそのはず、中国の広すぎる土地や多すぎる人、法律も制度も、日本人の常識とはあまりにもかけ離れているからです。

4000年を費やしてそのような中国を創り上げたのは、自身を世界の中心と信じて疑わない独特な〝思想〟。日本人には想像もできない考え方を理解することこそ、真の中国を知るための近道なのです。

根強い
格差の
原因は?
ボロボロ
並
地主
ヒー
ハイッ
社会問題
暴動が
起きるのは
なぜ?
反日
反日
小红书
言論統制は
どうして
始まった?
「アヘン戦争」
「日清戦争」
どっちが先?
日清戦争?
清
英
清
アヘン戦争へ
なぜ
上から
目線?
疑問
OK!
どうして
共産党一強
なの?

香港が暴動を起こすのは……

「中国が支配を強めようとしているから」。

香港独自の行政を認める一国二制度が脅かされそうになると香港市民は反発します。香港の人々の思いを紐解くには、アヘン戦争の顛末を知っておかなければなりません。

(→ 164 頁)

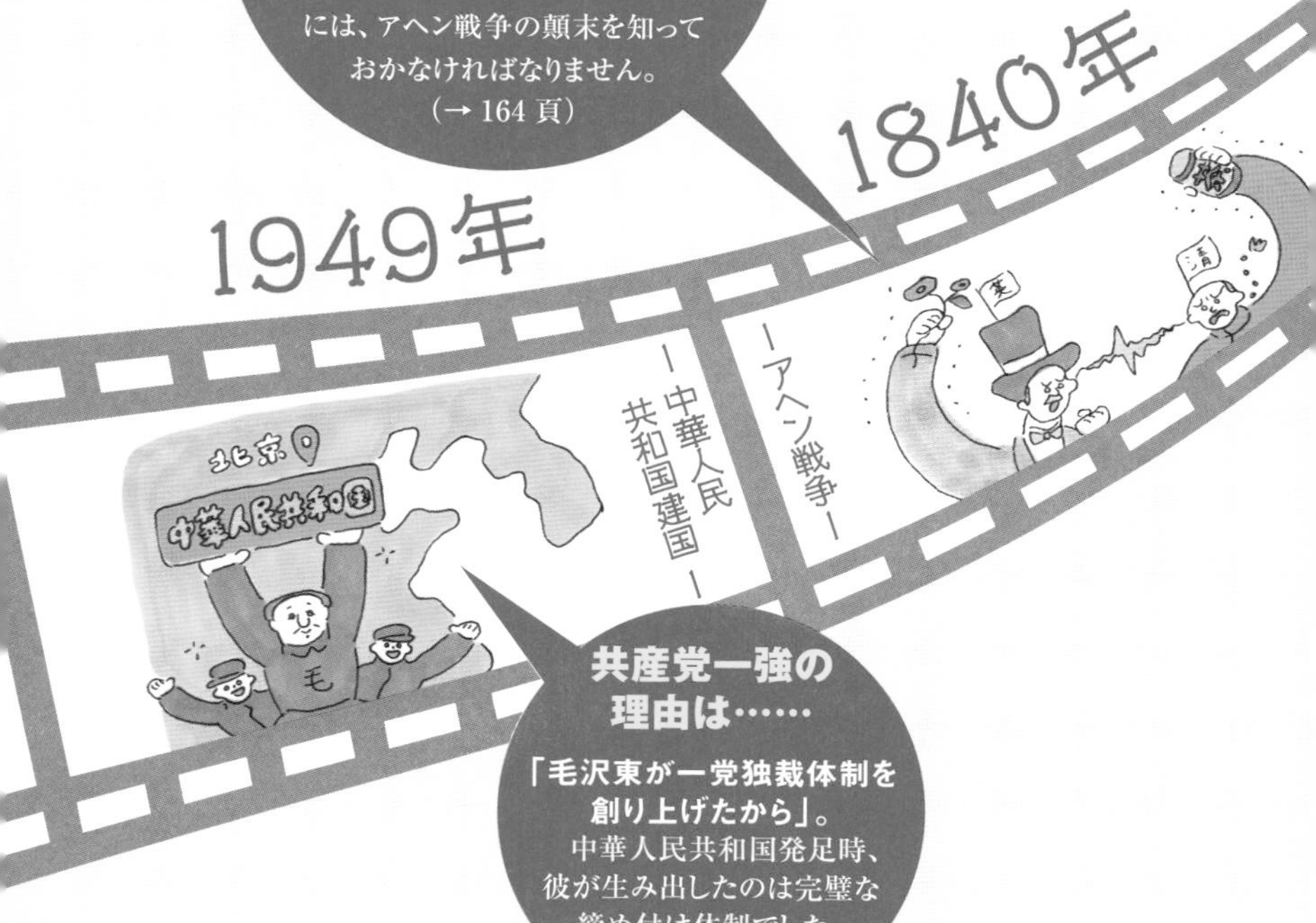

共産党一強の理由は……

「毛沢東が一党独裁体制を創り上げたから」。

中華人民共和国発足時、彼が生み出したのは完璧な締め付け体制でした。

(→ 144 頁)

歴史には思想が詰まっている

中国特有の考え方を理解するカギとなるのが〝歴史〟です。歴史とは紛れもない事実。その原因と結果を結びつける過程には必ず、当時の人々の思いや考えが詰まっています。

近現代の約200年を知るだけでも、現代の中国を理解するには十分。当事者の立場になって歴史を紐解き、真の中国を見てみませんか？

歴史をさかのぼればすべてが理解できる

激しい格差の原因は……

「戸籍が貧富で分断されたから」。

農村から都市への人口流出を嫌う政府は、戸籍を分断して移動を阻止。そもそも人々が都市への移住を試みた要因は大躍進運動にありました。

（→ 172 頁）

言論統制されるのは……

「政府が反乱を恐れているから」。

いつの時代も独裁体制は民衆の反乱を引き起こし、政権の崩壊を招いてきました。そこで共産党は言論を統制して民衆の結託を防止。今では「天安門事件」も闇に葬られています。

（→ 180 頁）

年表で見る中国近現代史

本書では、清王朝時代に起きたアヘン戦争以降を「近現代」としています。
内容に入る前に、明の時代からの出来事を年表で見てみましょう。

1368年	朱元璋《しゅげんしょう》、明《みん》を興す
1369年	明の太祖、日本の懐良《かねよし》親王に「倭寇《わこう》」の鎮圧と明朝への朝貢を求める
1467～77年	応仁の乱
17世紀前半	日本の金銀産出量が世界の3分の1を占める
1603年	徳川幕府開府
1636年	清《しん》朝、朝鮮へ出兵
1644年	明滅亡、清朝の中国支配が始まる
1680年代	日本での銀の産出と中国への輸出がほぼなくなる
1784年	イギリス、茶の輸入関税をおよそ10分の1に引き下げる
1796年	白蓮《びゃくれん》教徒の反乱
1840～42年	アヘン戦争
1842年	南京《なんきん》条約締結
1851～64年	太平天国《たいへいてんごく》の乱
1856～60年	アロー戦争（第二次アヘン戦争）
1859年	イギリスなどと天津《てんしん》条約締結
1860年	北京《ぺきん》条約締結
1860～94年	洋務《ようむ》運動
1868年	明治維新
1871年	日清修好条規調印
1876年	日朝修好条規調印

1879年	琉球処分により清朝の“従属国”が失われる
1884～85年	清仏戦争
1885年	（清仏）天津条約締結
1894年	朝鮮で甲午《こうご》農民戦争
1894～95年	日清戦争
1895年	下関条約調印。朝鮮を独立国と認める 三国干渉
1898年	戊戌《ほじゅつ》の変法が始まる これに対し、西太后《せいたいごう》が変法派の官僚を弾圧（戊戌の政変）
1899～1901年	義和団《ぎわだん》事件　８ヵ国連合軍が北京占領
1901年	北京議定書締結
1902年	日英同盟締結
1904～05年	日露戦争
1905年	孫文《そんぶん》、東京で中国同盟会を結成 科挙の廃止
1908年	光緒《こうちょ》帝と西太后、死去。宣統《せんとう》帝溥儀《ふぎ》即位
1911年	武昌《ぶしょう》で革命派の暴動、各省の独立（辛亥《しんがい》革命開始） 宣統帝退位（辛亥革命終結）
1912年	南京臨時政府が発足、中華民国が成立 孫文が臨時大総統となる。「臨時約法」公布
1913年	袁世凱《えんせいがい》、中華民国大総統となる
1914年	第一次世界大戦勃発
1915年	日本、中華民国に二十一カ条要求を行う 袁世凱、皇帝即位
1919年	パリ講和会議後のヴェルサイユ条約で 二十一カ条要求が承認されたことに対し、 反対運動が起こる（五・四運動） 孫文、中国国民党を結成
1921年	中国共産党結成

1924年	孫文、共産党員が国民党に入党することを 認める(第一次国共合作) 軍閥・帝国主義打倒を打ち出す（北伐《ほくばつ》宣言）
1925年	孫文、北京で死去 中国国民党、広州《こうしゅう》に国民政府を樹立 上海で五・三〇運動が起こる
1926年	蔣介石《しょうかいせき》率いる国民革命軍、北伐を開始（北伐宣言）
1927年	蔣介石、上海クーデターを起こして共産党を弾圧 南京に国民政府を樹立
1928年	関東軍、奉天《ほうてん》軍閥の張作霖《ちょうさくりん》を爆殺 国民革命軍、北京を占領（北伐完了）
1931年	関東軍、柳条《りゅうじょう》湖《こ》で鉄道を爆破(柳条湖事件) 軍事行動を開始して満洲《まんしゅう》を占領(満洲事変) 毛沢東《もうたくとう》、中華ソビエト共和国樹立
1932年	国際連盟、リットン調査団を派遣 関東軍、清朝最後の皇帝溥儀を 執政(のち皇帝)として、「満洲国」建国を宣言
1933年	リットン調査団、満洲国を日本の傀儡《かいらい》国家と報告 日本、国際連盟から脱退 満州国を認めさせる塘沽《たんぐー》停戦協定締結
1934～36年	中国共産党、長征《ちょうせい》を行う 瑞金《ずいきん》から脱出して延安《えんあん》に至る
1936年	張学良《ちょうがくりょう》、蔣介石を監禁。内戦を停止し、 抗日を行うように説得する（西安《せいあん》事件）
1937年	盧《ろ》溝橋《こうきょう》事件勃発、日中両軍が衝突 第二次国共合作成立 日中戦争勃発 日本軍、南京占領（南京事件） 国民政府、首都を重慶《じゅうけい》に移す
1941～45年	太平洋戦争

1945年	日本、ポツダム宣言受諾
1946年	国共内戦 共産党、地主の土地を没収して農民に分け与える 「五《ご》・四《し》指示」による土地改革を開始
1948年	大韓民国、朝鮮民主主義人民共和国が独立
1949年	毛沢東、中華人民共和国建国 蔣介石（中華民国）、台湾に逃れる
1950～53年	朝鮮戦争
1953年	第1次5カ年計画。農工業が成長
1954年	通貨（人民元）の統一が完了
1958年	第2次5カ年計画 大躍進運動の一環として進めるも失敗
1966～76年	文化大革命で社会が混乱
1972年	日中国交正常化
1978年	鄧小平《とうしょうへい》、改革開放政策に着手
1989年	天安門事件
1990年代	力を蓄えながら時期を待つ 「韜光養晦《とうこうようかい》」方針の中で経済が大発展
1997年	香港が中国に返還
1999年	マカオが中国に返還
2008年	北京オリンピック開催
2010年	中国のGDPが世界2位に
2013年	習近平《しゅうきんぺい》、「一帯一路《いったいいちろ》」構想を発表
2017年	習近平、「中国の夢」を語る
2019年	湖《こ》北《ほく》省武《ぶ》漢《かん》市で新型コロナウイルス感染症の 検出が報道される
2020年	新型コロナウイルス感染症が世界中に広がる

中国全土の面積はおよそ1,000万km^2。広大な土地で繰り広げられる争いや事件について理解を深めるために、各地名の位置関係を確認しておきましょう。

中国全図

(モンゴル)
カザフスタン
キルギス
新疆《しんきょう》ウイグル自治区
(内モンゴル自治区
(甘粛《かんしゅく》省)
青海《せいかい》省
パキスタン
チベット自治区
(四川《しせん》省)
ネパール
ブータン
インド
バングラディシュ
雲南《うんなん》省
ミャンマー
(旧ビルマ)
ラオス
タイ

第 1 章

近い歴史を知れば、いまの中国がわかる

近現代の中国史

中国の歴史は、統合と分裂、反乱と革命の繰り返しともいえます。
特に近現代は、西欧列強のアジア植民地化が進み、
そこに巻き込まれたのが中国で、日本も関わっていきます。
第1章では、「王朝国家」の最後を飾り、
約 300 年続いた「清」の後期から、革命と戦乱の 20 世紀を経て、
現在の中国までの歴史を一気に駆け上がりながら解説します。
激動の中国を感じてみてください。

見どころ

ポイントがわかる
ビジュアル年表

流れがわかる3ステップ解説

「もっと知りたい」コラムで深掘り

近現代中国を支えた
「10人」をピックアップ

History No. **1**

アヘン戦争は清王朝の終わりの始まり!?

公式で理解！

A 清英間の亀裂 ＋ B 取り締まり失敗 ＋ C 不平等条約

中国の対外関係はアヘン戦争の前後で変わり始めます。
強大な力を持っていた清《しん》王朝の変貌は、貿易から始まりました。

18世紀半ば
イギリスで中国茶がブームに

18世紀後半
イギリス産業革命

19世紀前半
A アヘンをめぐる三角貿易で清と英の間に亀裂

イギリスでは清のお茶が大ブームに。大量の銀で支払うことになり、困ったイギリスが思いついた苦肉の策とは?

アヘン持ち込みの取り締まりに尽力したのが林則《りんそく》徐《じょ》です。しかし、イギリスが反発し、清を貿易で開放しようと戦争に。

1840年

B

特命大臣でも取り締まれずアヘン戦争勃発

お手上げ!

1842年

C

不平等な南京条約を押し付けられた清

まいったか

イギリスと清との間に結ばれたのは不平等条約でした。各国から恐れられた大国・清の凋落が始まります。

A

アヘンをめぐる三角貿易で清と英の間に亀裂

イギリスで清のお茶が大ブーム! 銀の代わりにアヘンで支払い三角貿易に

18世紀後半から始まった産業革命により、イギリスの国力は飛躍的に増大しました。アジアまで貿易路を広げたイギリスでは、中国のお茶や綿織物、陶磁器などが人気に。特に香りのよい紅茶が好まれ、**イギリスは中国から大量のお茶を輸入**します。

一方、当時の中国を支配していた清王朝は、イギリスとの貿易の場所を広東《かんとん》省の「広州港《こうしゅう》」に限定し、「洋行《ようこう》」という組織に商売を独占させました。イギリスがほかの商人から買いたいと交渉しても聞く耳を持たず、お茶の値段は吊り上がるばかり。イギリスは対価を銀で支払ったため、**膨大な量の銀が中国へ流出**します。

自国の銀の流出を止めたいイギリスは、当時植民地化を進めていた**インドの麻薬・アヘンを中国に密輸**し、お茶に払った銀を**インド経由で回収**するという**三角貿易**で対抗しました。

B

特命大臣でも取り締まれず アヘン戦争勃発

取り締まりもむなしくアヘンが横行 イギリスの逆恨みでアヘン戦争に発展

中毒性が高く禁断症状を伴うアヘンは、中国であっという間に広がり、人々の身体に深刻な被害を与えました。さらに、アヘンを密輸し過ぎたことで、今度は**中国国内の銀が大量にイギリスに流出**するように。清王朝はあわててアヘン密輸を取り締まりますが、当時の官僚機構は弱体だったため、密輸商人の活動を止めることができず、事態は悪化していきます。

そんな中、地方長官であった**林則徐**が特命大臣に抜擢され、国内のアヘンの取り締まりに挑みます。林則徐は外国商人にアヘンを引き渡し、今後は持ち込まない旨の誓約書の提出を要求。軍隊を派遣してイギリス人居住区を包囲し、その中に持ち込まれていた**2万箱のアヘンを没収、廃棄**しました。これらの行為に対して怒ったイギリスは、**1840年に中国に艦隊**を派遣。**アヘン戦争**が始まります。

② 太平天国の乱へ

C 不平等な南京条約を押し付けられた清

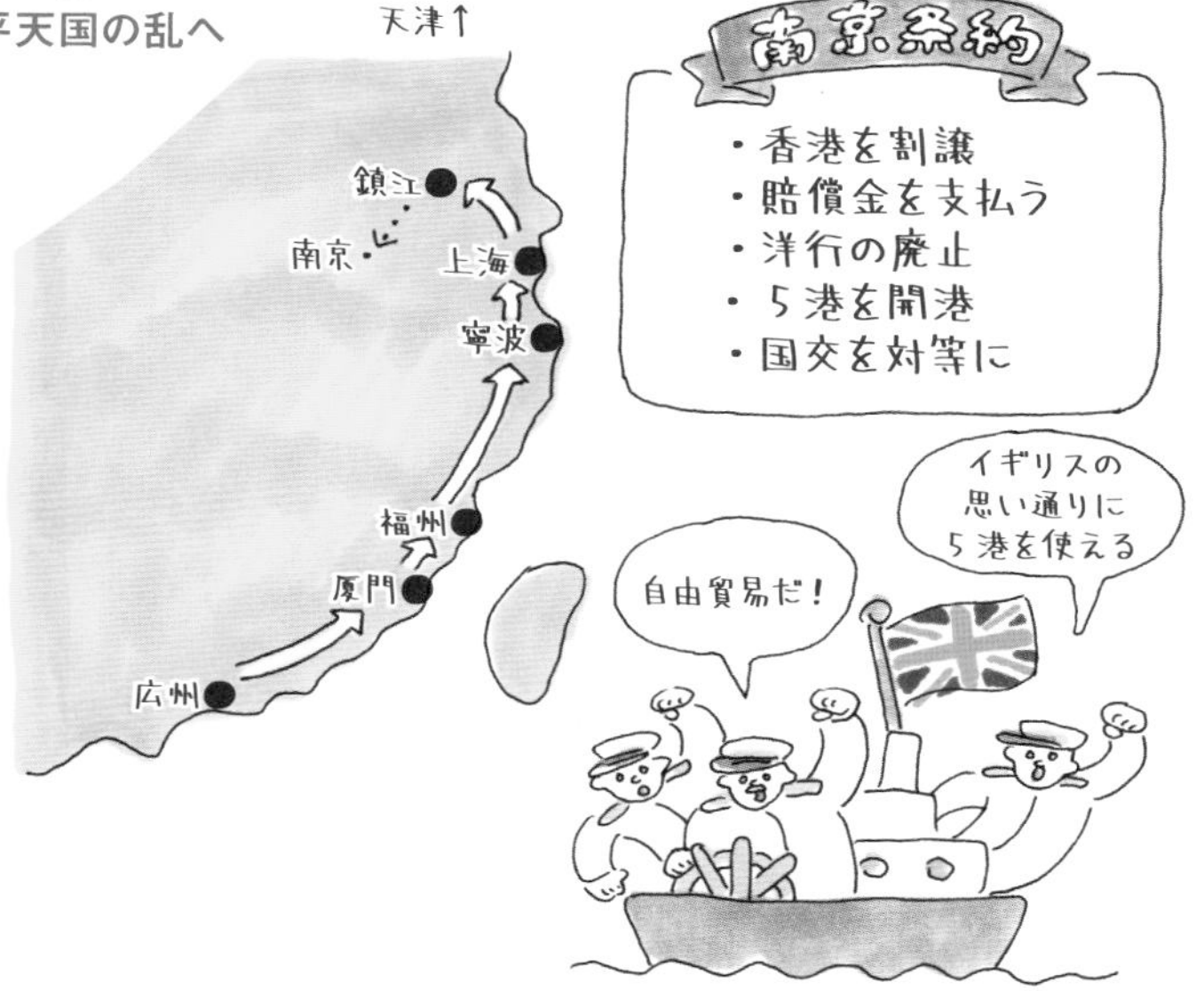

南京条約で賠償金や港を獲得 それでも満足できなかったイギリス

イギリス艦隊が北京《ぺきん》に近い天津《てんしん》付近までやってきたため、恐れをなした清王朝は、林則徐を解任し左遷。後任となった琦善《きぜん》がイギリスとの交渉を進めます。しかし、条約を締結したかと思いきや、内部の反対により棄却されるなど折り合いがつかず、またも戦闘が再開。イギリスは厦門《あもい》、福州《ふくしゅう》、寧波《にんぽー》、上海《しゃんはい》、鎮江《ちんこう》と次々に落としていき、南京《なんきん》に迫ります。

1842年、敗北を悟った清王朝はイギリスと**「南京条約」**を締結。その内容は**香港島の割譲**、**多額の賠償金の支払い**、広州1港だった貿易港を**厦門、福州、寧波、上海を加えた5港**に増やすなど、清にとって不平等なものでした。茶の貿易を独占していた**洋行も廃止**され、そのほかの行商とも自由な貿易が行えるようになったはずでしたが、イギリスの思うような結果にはならず、さらなる港の開港や、自国の貿易に有利な条約の締結を迫っていきます。

もっと知りたい アヘン戦争

Key word

イギリスと唯一商売ができた「洋行」とは？

広州の外国貿易専門の商人組織。清王朝によって、対外貿易を許可された組織でした。清は貿易のできる港を広州1港に限定しただけでなく、取引のできる行商の数にも制限を与えていました。「洋行」の通称は「広東十三行商」ですが、厳密には13の行商とは限らず、10〜20家の間で増減していました。

Key word

アヘン蔓延のきっかけになった「三角貿易」とは？

18 世紀半ば、イギリスはお茶の対価に毛織物を輸出していましたが、清にとっては生活必需品でなく需要がなかったため、やむなく銀で支払うことに。やがて主力商品が綿製品に転じると、イギリスは茶の輸入を続けつつ植民地インドへ綿製品を輸出し、インドから清へはアヘンを輸出させました。清ーイギリス間ではイギリスの赤字でしたが、清ーインド間ではインドの黒字だったため、イギリスにとって損益は相殺されました。

Key person

義のために尽くした英雄「林則徐」とは？

福建《ふっけん》省出身の官僚。1837 年に提出した「アヘン厳禁論」が認められ、1839 年にアヘンを取り締まる特命（欽差《きんさ》）大臣として広東に派遣されました。国籍や身分の区別なく徹底的にアヘンを没収・投棄した結果、戦争を引き起こしたとして解任されます。しかし、林則徐は左遷先でも改革を行うなど活躍し、尊敬を集めました。

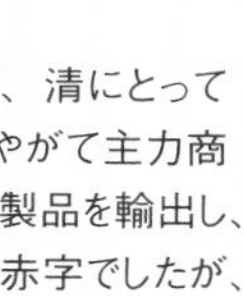

History No. **2**

太平天国の乱は清の土台を揺るがした象徴的事件

公式で理解！

A 庶民の不満 ＋ B “滅満興漢” ＋ C 清の辛勝

アヘン戦争に負けた清《しん》ですが、大国としての威厳は失いません。しかし、庶民は水面下で不満を溜めていたのでした……。

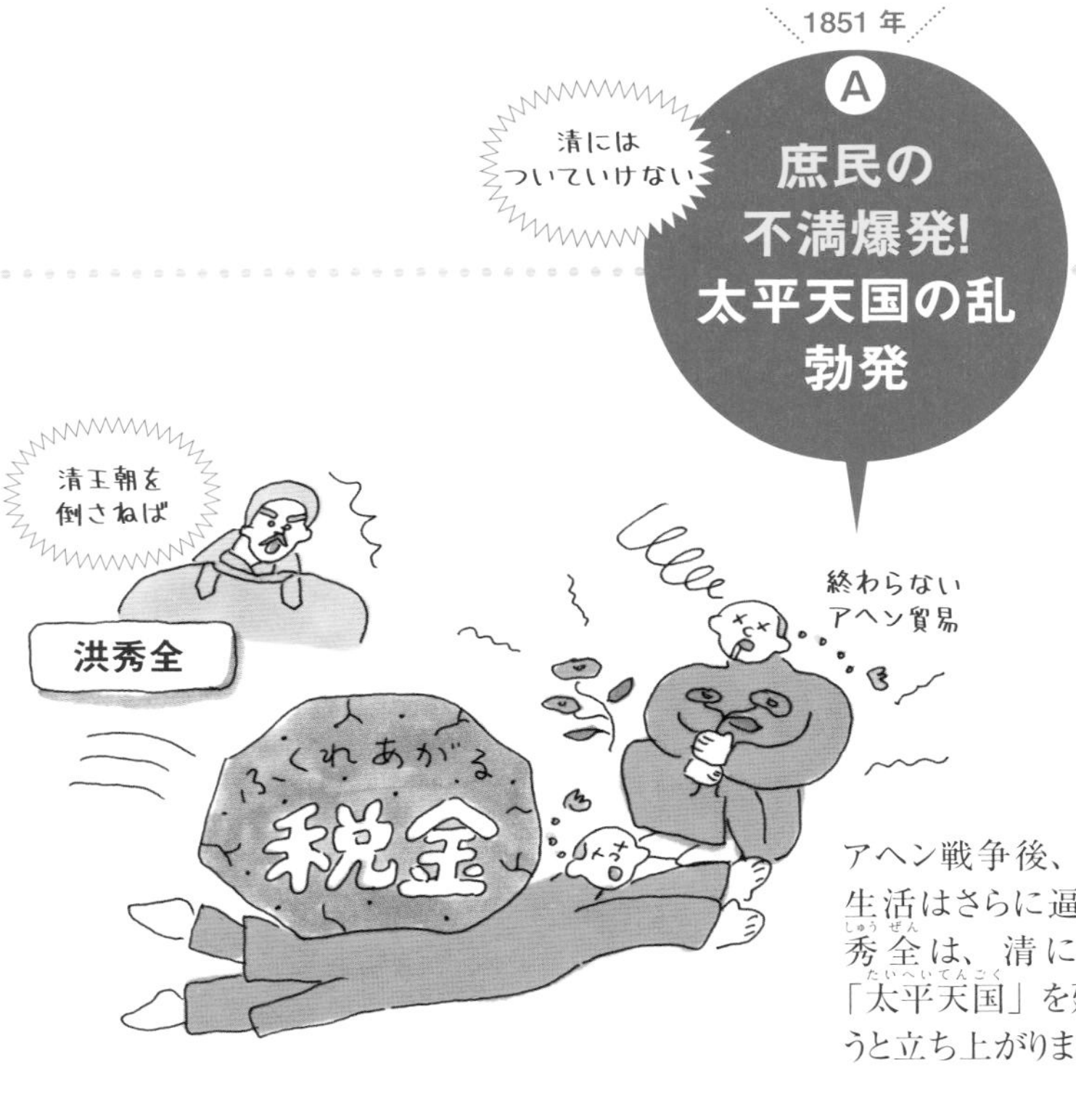

アヘン戦争後、庶民の生活はさらに逼迫。洪《こう》秀全《しゅうぜん》は、清に代わる「太平天国《たいへいてんごく》」を建国しようと立ち上がります。

太平天国の乱はどんどん規模を拡大。清の政府は軍隊を派遣するもまるで歯が立たず、返り討ちにあう一方でした。

1853年

B

“滅満興漢”を掲げる太平天国、南京を占領

1864年

C

清、辛勝……弱体化が明らかに

地方官僚や他国の力を借り、清はどうにか乱を鎮圧。官僚や漢人の地位が向上し、清の土台は揺らぎます。

A 庶民の不満爆発！太平天国の乱勃発

戦争後も続くアヘン貿易 困窮する庶民に光を与えた太平天国

南京条約の締結後も、清はイギリスとのアヘン貿易を続行。アヘンの代金をそれまで同様に銀で支払ったため、人々は国内で希少になった銀をかき集めて納税しなければならなくなり、結果として**実質的な増税**にあえぐことになりました。

民衆が苦しい生活を強いられる中、キリスト教徒である**洪秀全**は自分をイエス・キリストの弟だと考えるようになります。そしてキリスト教の教義を独自に発展させ、上帝《エホバ》を崇拝すれば天国に行けると考える**「上帝《じょうてい》会」**という組織を結成。上帝会は中国の伝統的な宗教と衝突を繰り返しながら、清政府に不満を持つ人々を信徒として取り込み、**次第に武装集団化**していきました。

1851年、勢力を増した洪秀全は、清に代わる新たな国家「太平天国」の建国を目指して挙兵。これを**「太平天国の乱」**と呼びます。

B

〝滅満興漢〟を掲げる太平天国、南京を占領

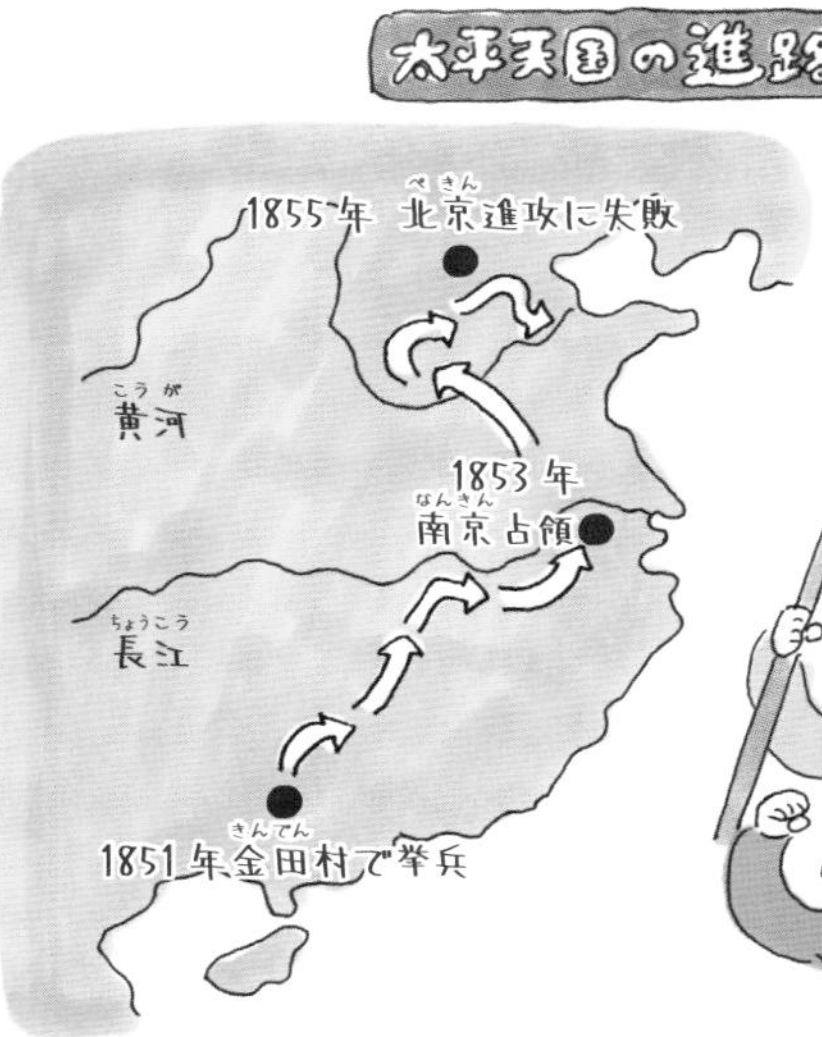

満洲族の国（清）を滅ぼして漢人による新たな国を興すべし！

太平天国を建国し、「天王」となった洪秀全。満《まん》洲《しゅう》族の王朝である清を滅ぼし、漢人の国を興《おこ》そうという意味のスローガン「**滅満興漢**《めつまんこうかん》」を掲げ、清に戦いを挑みます。

洪秀全と同じ客家《はっか》（広東《かんとん》、福建《ふっけん》など中国の南方地域の移住民）の人々や、洋行《ようこう》が廃止されて貿易方法が変わったために失職した労働者、清朝に反対していた**秘密結社**などが次々と加わり、太平天国の勢力はどんどん拡大。**1853年には南京を占領**して天京《てんけい》と改名、首都として、中国の南部地域の大半を支配するようになります。

清政府は早期鎮圧を試みますが、当時の経済難も手伝って、清の正規軍は次々と返り討ちにあいました。また、太平天国に呼応するかのように黄河《こうが》下流地域の武装集団「**捻軍**《ねんぐん》」や、中国内陸部の**イスラム教徒**なども反乱を起こし、清を苦しめました。

C

清、辛勝……弱体化が明らかに

活躍したのは地方の義勇軍と他国 清の土台を揺るがした象徴的事件

1864年、清は太平天国を滅ぼします。しかし、清の正規軍は弱体化していました。そこで主力となったのが、地方の**義勇軍**「**郷勇**《きょうゆう》」と、イギリスとアメリカによる**常勝軍**です。特に湖南《こなん》省で**曾国藩**《そうこくはん》（↓68頁）が組織した「**湘**《しょう》**軍**」、安徽《あんき》省で**李鴻章**《りこうしょう》（↓68頁）が組織した「**淮**《わい》**軍**」は大きな力を持っており、湘軍が南京に攻め入ったことで太平天国は滅亡しました。

アヘン戦争やアロー戦争（↓32頁）では清と戦ったイギリスですが、お金を搾りとることができる清が滅ぶと困るので、このときはアメリカと一緒に清を助けました。この先も清を利用するためです。

太平天国は13年間で滅亡しましたが、この反乱は**漢人に自信を与えると同時に**、**政治的地位を向上**。また、義勇軍を指揮した**郷紳**《きょうしん》（↓142頁）も力を強め、**清政府の体制は変わり始めます**。

もっと知りたい 太平天国の乱

Key person

我こそが「天王」である
「洪秀全」とは？

清代の宗教家、革命家。キリスト教と出合った洪秀全は、科挙《かきょ》（→ 138 頁）に落ち、熱病にかかって見た夢をきっかけに、神の国を作らねばとの使命感に燃えるように。当時、周辺では約 100 回もの小さな反乱が発生しましたが、太平天国の乱が全国規模に発展したのは、信仰を通じて強力に結束していたためと考えられます。

Key word

中国版ギャング !?
「秘密結社」とは？

社会秩序からはみ出した者たちが結成した政府非公認の団体。外国と勝手に貿易などを行っていました。次第に反政府的な色を強め、武装して弾圧に対抗するようにも。有名なものに、この世の終わりと女神「無生老母《むしょうろうぼ》」による救済を説く「白蓮《びゃくれん》教」を核とした結社があります。清時代に勢力を拡大した彼らは、白蓮教を邪教とする清政府に弾圧され、1796 年に蜂起して「白蓮教徒の反乱」（→ 146 頁）を起こしました。

Key word

鎮圧の際に大活躍！
「郷勇」とは？

各地の「郷紳」がその出身地で組織した義勇軍。郷紳は「紳士《しんし》」「士紳《ししん》」「縉《しん》紳《しん》」といわれるときもあります。明《みん》清時代の農村においては地主として力を持ち、地域でも慕われていた人々を指します。19世紀以降、内乱や治安悪化に対処するため、彼らが地元の子弟を組織して自警団・軍隊を作ることが普及。正規軍ではなく、自ら志願した義勇兵の軍隊で、後の軍閥（→ 87 頁）につながります。

History No.3

アロー戦争は清に怒涛のお仕置きをもたらした

公式で理解!

A イギリスの言いがかり + B 不平等条約 + C もっとひどい不平等条約

清《しん》の国内外が不安定になる中、アヘン戦争に勝利したイギリスはさらなる権益を求めてアロー戦争を引き起こします。

1856年

A 抜け目ないイギリスの言いがかりでアロー戦争開始

1857年

フランス軍も出兵

南京《なんきん》条約を結んだものの、うまみを感じられず清に再度の戦争をけしかけたイギリス。何が不満だったのでしょうか?

フランスも出兵し、圧倒的な力で清を倒す連合軍。結果、清はイギリスを含む４ヵ国と不平等条約を結ぶことに……。

1858 年

B

不平等な
天津条約に
清、怒る

1860 年

C

もっと不平等な
北京条約で
清をお仕置き

4 清仏戦争へ……

天津《てんしん》条約締結寸前に裏切った清に対し、列強は激怒。お仕置きとばかりに、さらに不平等な条約を清に課します。

A

抜け目ないイギリスの言いがかりでアロー戦争開始

南京条約ではまだ足りない！「アロー号」は戦争開始の格好の口実

アヘン戦争に勝ち、清との間に南京条約を結んだイギリスですが、開港されたのは首都・北京《ぺきん》から離れた港ばかり。主要な輸出品である**綿製品の売り上げは伸びなかった**上に、**北京に外交官を置くことも認められず**不満を持っていました。

これを解消するために、再度戦争をして新たな条約を結ぶしかないと考えていた1856年、広州《こうしゅう》に停泊していたイギリス船を名乗るアロー号を検査し、海賊船と判断。乗組員を拘束して、掲げていた**イギリス国旗を無理やり引き降ろした**のです。「**アロー号事件**」が起きました。

実際アロー号は、国籍登録の期限が切れた海賊船だったのですが、イギリスはこれに激しく反発。特に国旗を引き降ろしたことを侮辱と受け止め、武力行使に踏み切ります。清はイギリスに、戦争を始める格好の口実を与えてしまったのです。

B

不平等な天津条約に清、怒る

英仏の連合軍になすすべもない清 4カ国との間で天津条約を協議

「**アロー戦争（第二次アヘン戦争）**」と呼ばれるこの戦いで、イギリスは**フランスに共同出兵**を求めました。ナポレオン3世の統治の下、世界中で植民地政策を進めていたフランスは中国にも進出しようと、フランス人宣教師が広西《こうせい》省で処刑されたことを理由に出兵。1857年、**英仏連合軍は広州を占領**し、翌年には天津に進軍します。

清はその頃、国内で起きた太平天国の乱を鎮圧できずに苦しんでいたこともあり、第9代皇帝・**咸《かん》豊《ほう》帝**は連合軍に譲歩。イギリスとフランスに加え、仲介役となったアメリカとロシアに対して「**天津条約**」を結びます。

その主な内容は、台湾をはじめ、揚子江《ようすこう》沿いの南京など内陸部も含む10港を開港する、外交官の北京在住を認める、キリスト教の布教を認める、イギリス、フランスに賠償金を支払うといったものでした。

④ 清仏戦争へ

C もっと不平等な北京条約で清をお仕置き

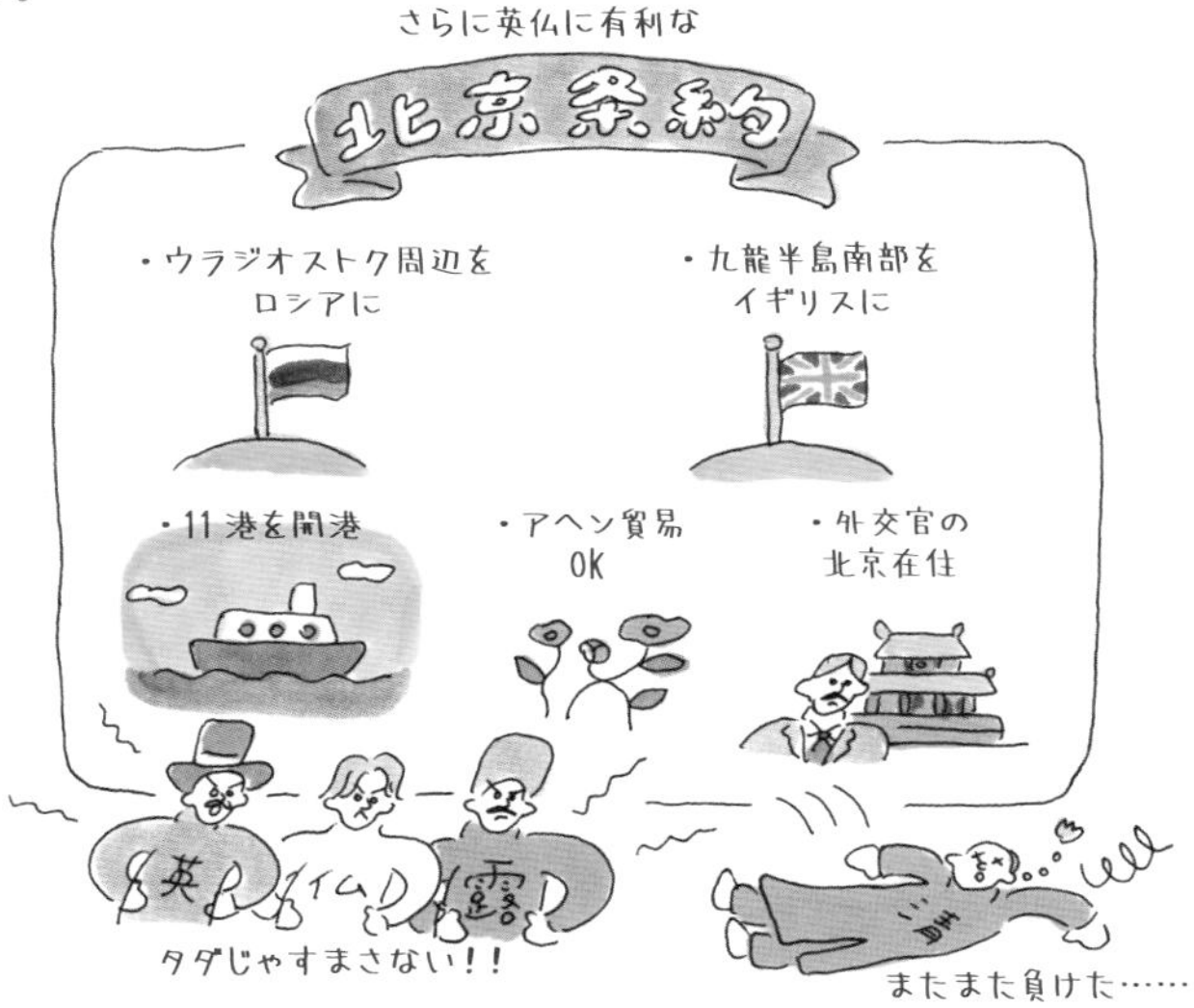

天津条約締結……と思いきや!? 清の裏切りに列強からきついお仕置き

イギリス軍とフランス軍が本国で天津条約を承認するために帰国している間、**清では条約に反対する人々が増加**。外国と徹底的に戦うべきだという意見が高まります。

1859年、イギリスとフランスが最終的な批准交換のために清を再訪すると、**清軍は両国の艦隊を砲撃しました**。イギリスとフランスはこの裏切りに激怒し、**1860年に再び遠征軍を派遣して清との戦闘を開始**。天津から上陸し、北京まで進攻して、皇帝の離宮である円明園《えんめいえん》を焼き払いました。

窮地に陥った清は、天津条約以上に不平等な**「北京条約」を結んで再度停戦します**。清は天津など11港の開港やアヘン貿易を認め、香港に近い九龍《くーろん》半島南部をイギリスに割譲。さらに、仲介したロシアの求めに応じて、ウラジオストク周辺の沿海《えんかい》州を割譲してしまいます。

もっと知りたい アロー戦争

Key word

世界史でおなじみ「植民地政策」とは？

他国の領土・支配権を自国のもの（植民地）にする政策。スペインのインカ征服、日本による台湾や朝鮮の「日本化」、イギリスのインド政策などの例からもわかるように、さまざまな国や時代で行われていました。植民地の統治方法としては、現地に総督府などを設置して管理する「直接統治」と、現地の設備や統治機構を活かして、本国でリモート管理する「間接統治」の2種類があります。

Key person

側室はあの西太后「咸豊帝」とは？

西太后《せいたいごう》（→68頁）を側室に持った清の第9代皇帝。即位後に太平天国の乱、アロー戦争が勃発し、英仏連合軍が北京を占領すると、弟の恭《きょう》親王に北京条約を結ばせました。咸豊帝の時代を境に、皇帝の地位が同治《どうち》帝、光緒《こうちょ》帝（→55頁）、宣統《せんとう》帝（→93頁）の3幼帝に託された結果、西太后が代わりを務めることに。

Key word

異彩を放つバロック式庭園「円明園」とは？

1706年に離宮として北京郊外に建てられた、円明・長春《ちょうしゅん》・万春《ばんしゅん》から成る3つの園の総称。設計はイタリア人宣教師のカスティリオーネ（郎世寧《ろうせいねい》）。フランスのヴェルサイユ宮殿を模したバロック式の西洋館と庭園は、中国にあって西洋の雰囲気をまとう貴重な文化財でした。世界最高の美しさと讃えられていましたが、1860年に英仏の連合軍によって破壊され、現在はその遺構が公開されています。

History No. **4**

清仏戦争は清の朝貢体制崩壊の第1歩

公式で理解！

A ベトナム欲しさ＋ B 正面衝突＝ C 清の動揺

中国の誇りを支えた独自の「朝貢《ちょうこう》体制」。
近代の帝国主義を前に、そのシステムは崩壊していきます。

1883年

フランス「ユエ条約」でベトナムゲット

19世紀後半

A

ベトナム欲しさに清 vs 仏にらみ合い

帝国主義の機運におされた列強各国や日本は、清《しん》の従属国に目を付けます。フランスはベトナムをめぐり、清と対峙します。

ユエ条約により、ベトナムを保護国化したフランス。宗主国としてのプライドを懸け、清はフランスと戦争を始めます。

1884年

B

清仏戦争で正面衝突

ベトナムは清のもの

1885年

C

天津条約締結 清の体制動揺が明らかに……

善戦するも、フランスに敗北してしまった清。これ以降、列強は積極的に清の従属国を侵略していきます。

A ベトナム欲しさに 清vs仏にらみ合い

明時代から続く朝貢体制も ヨーロッパの帝国主義の前では微力!?

中国は14世紀の明《みん》の時代から、東アジアの国々を中国の皇帝の臣下とする「**朝貢《ちょうこう》体制**」を築いてきました。清王朝になっても体制は引き継がれており、中国は宗主国《そうしゅこく》として、琉球《りゅうきゅう》王国（沖縄）や朝鮮といった従属国に一定の影響力を及ぼしていたのです。

19世紀、軍事力で他国を植民地化する「帝国主義」が全盛になると、ヨーロッパ諸国や日本が、**従属国をめぐり清と戦う**ようになります。ターゲットとなった従属国の1つが**ベトナム**です。ベトナムは19世紀初頭に阮《グエン》朝によって統一され、清を宗主国として君臣関係を結びました。一方、阮朝の統一を助けたフランスも、ベトナムを狙っていたのです。

1862年、フランスとスペインの宣教師などが迫害されたことを理由に、**両国はベトナムに出兵**。フランスはサイゴンなど南東部を自国のものとし、以降もベトナムへの侵攻を続けました。

B 清仏戦争で正面衝突

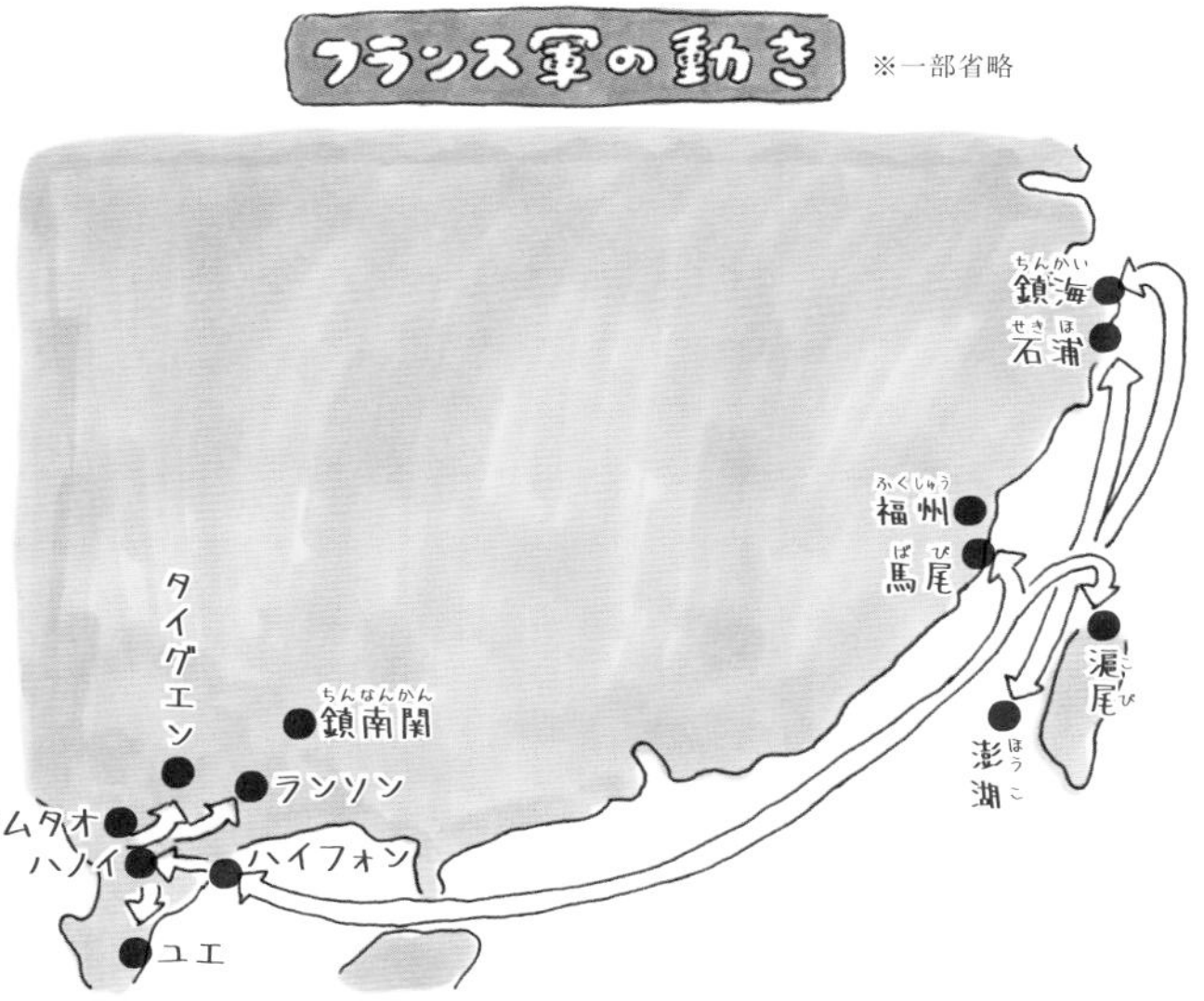

※一部省略

黒旗軍を中心とした抵抗がフランス軍をさらに意固地に

1882年、ベトナムでの支配力を強めるフランスは、ハノイを本格的に占領。そんなフランスと戦ったのが、**劉永福《りゅうえいふく》**を首領とした中国人部隊の**「黒旗《こっき》軍」**とベトナム軍です。劉永福は反清朝の秘密結社「天地《てんち》会」の一員として太平天国の乱に参加しますが、太平天国が清に敗れるとベトナムの阮朝に仕え、黒旗軍を組織していました。

黒旗軍はベトナムと清の国境地域を地盤にフランスと戦い、フランス軍の司令官などを戦死させました。するとフランス軍はかえって強硬になり、ベトナムの都市ユエに進攻。**1883年に「ユエ条約」**を結び、ベトナムをフランスの保護国にします。

ベトナムが宗主国の清に助けを求めたことから、清とフランスの間で**清仏戦争**が勃発。清はベトナム北部に大兵を派遣しますが、フランスはこれを退け、北部地域を占領しました。

C

天津条約締結 清の体制動揺が明らかに……

ベトナムはフランスの植民地に ほかの従属国にも列強の魔の手が

ベトナム北部をフランスが占領したため、李鴻章《りこうしょう》（→68頁）はフランスと**「天津《てんしん》協定」**を締結し、ベトナムから清軍の撤退を約束します。清軍は中国国境付近でフランス軍を大敗させるなど善戦しましたが、フランスは清の海軍の1つ「南洋艦隊」を壊滅させた上、台湾にも進攻。武力に優るフランスに対し、清の朝廷は早期の和議を望み、**1885年に「（清仏）天津条約」**が結ばれました。

これにより清は宗主権を放棄し、**ベトナムはフランスの植民地**となります。さらにフランスは、清国内の2つの通商地や、清に鉄道を作る際にはフランスの業者と商談する権利などを得ました。

清仏戦争は清の体制動揺を露呈する結果となり、清が宗主権を主張してきた**朝鮮やビルマなどへの列強の侵略が活発化**します。中国国内では、帝国主義への反感が高まりました。

もっと知りたい 清仏戦争

Key word

明から続く独自のシステム
「朝貢体制」とは？

「宗主国」である中国に、従属国が貢ぎ物をして臣下と認めてもらうことで成立する主従関係。これによって、中国はアジア圏に多くの従属国を持ち、それぞれに「宗主権」を得ました。宗主権とは形式的な上下関係のようなもので、内政や外交に干渉することはほとんどありません（→ 136 頁）。そのため、植民地として内政や外交を支配した、帝国主義の「保護国化」とは区別しておく必要があります。

Key person

「黒旗軍」のリーダー
「劉永福」とは？

広東《かんとん》省出身の軍人。太平天国の乱の際に、秘密結社である「天地会」の蜂起に参加。平定後にベトナムに逃れ、中国との国境付近で「黒旗軍」を組織しました。フランスによるベトナム侵攻が激しくなると、劉永福は黒旗軍を指揮し大活躍。大手柄を立て、フランス軍を震撼させました。

Key word

ベトナムをめぐる
「ユエ条約」とは？

計２回にわたってフランスとベトナムの間に結ばれた条約。①1883 年、フランスはベトナム中部の都市ユエを襲い、仮条約を結ばせて、ベトナムの中部・北部を保護国化し、外交権を奪いました。②1884 年、①の内容を最終的に承認。フランスは保護権を確立し、得た領地を「インドシナ連邦」と呼びました。それぞれの条約は、フランス代表の名をとって ①「アルマン条約」、②「パトノートル条約」とも呼ばれます。

History No. **5**

日清戦争が清を獅子から豚に変えた!?

公式で理解!

A 付け焼き刃の改革 + B ノリノリの日本 = C“死せる豚”

「眠れる獅子」と呼ばれた大国・清《しん》も、複数の戦争や内乱を経て改革にふみきります。しかし、なかなかうまくはいかず……。

1860年代

A

付け焼き刃的に洋務運動で国内改革

1876年

日朝修好条規締結

日本は富国強兵の真っ最中

1894年1月

朝鮮で甲午農民戦争勃発

アヘン戦争や太平天国の乱を経て、改革の必要性を感じた官僚を中心に始まった「洋務《ようむ》運動」。内容と結果は?

朝鮮で起きた甲午《こうご》農民戦争は日清戦争に発展します。戦争の明暗を分けたのは、国民国家の意識の差でした。

1894年8月

B

清と
ノリノリの日本
日清戦争で
対決

1895年

C

下関条約後の清
“死せる豚”と
呼ばれる

あろうことか小国・日本と不平等条約を結んだ清。かつての大国は“死せる豚”として、各国から侵略され続けます。

6 義和団事件へ……

A

付け焼き刃的に洋務運動で国内改革

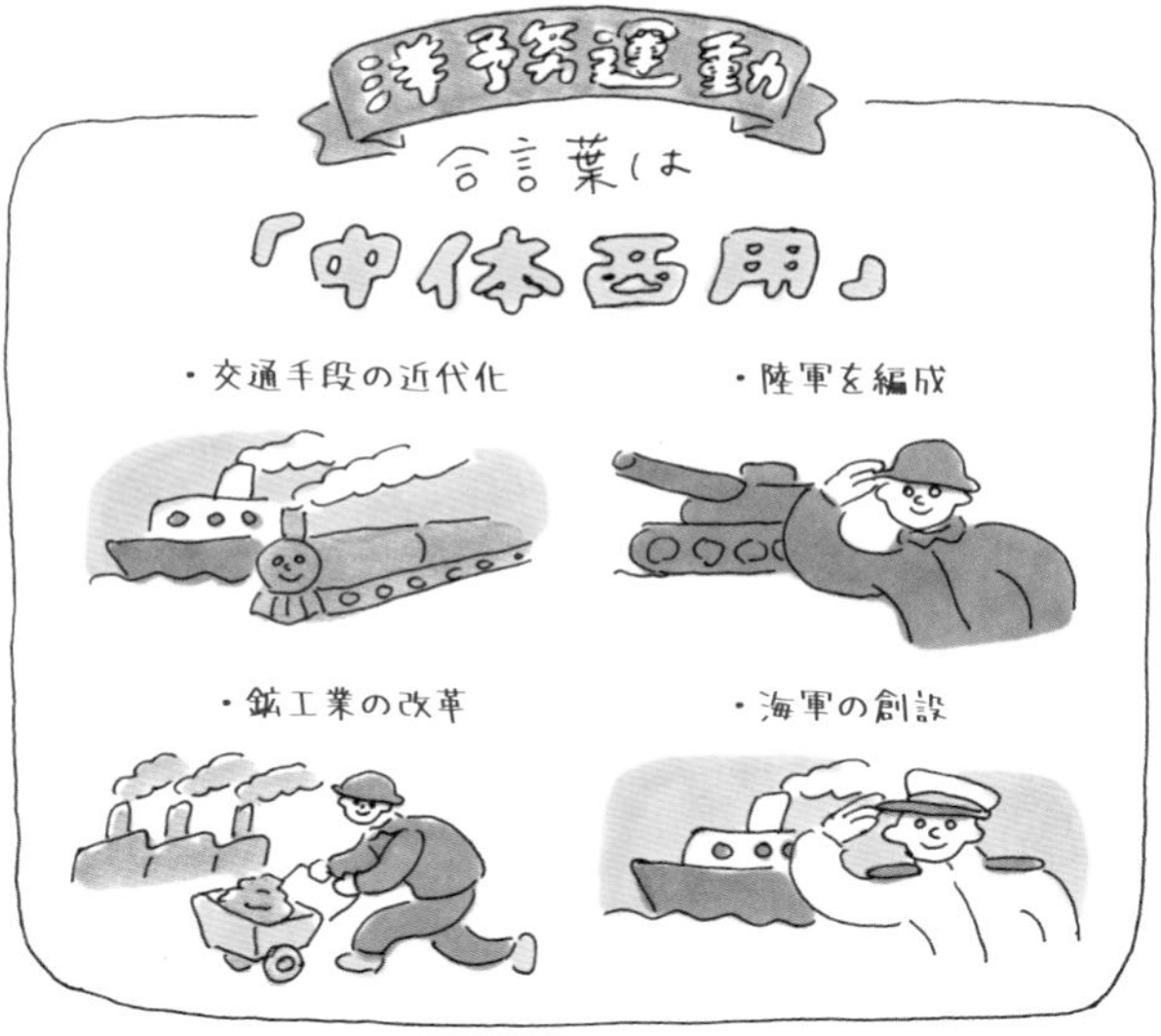

・中国の考えを本体として西洋のやり方を応用しよう・

アヘン戦争やアロー戦争でイギリス、フランスと対戦し、太平天国の乱でイギリス、アメリカと共に戦った清は、欧米列強の近代兵器を目の当たりにして**改革の必要性**を痛感。1860年代に安定した時期を迎えると、曾国藩《そうこくはん》（→68頁）、李鴻章《りこうしょう》（→68頁）ら漢人官僚は、**「洋務運動」**と呼ばれる改革を進めます。スローガンは、中国の伝統を本体にして西洋の技術を応用する、という**「中体西用《ちゅうたいせいよう》」**でした。

改革は軍事面から始まりました。曾国藩と李鴻章は、自らが組織した**義勇軍を西洋化**。近代的な訓練を施し、**近代火器を装備した陸軍**を編成し、外国から戦艦を購入して**海軍を創設**しました。

1870年代になると、汽船や鉄道などの**交通手段も近代化**します。その後**工業**や**鉱業**などの分野にも及んだ改革は、約30年間続きました。一方その頃、日本は朝鮮半島に進出する機会を狙っていました。

B

清とノリノリの日本 日清戦争で対決

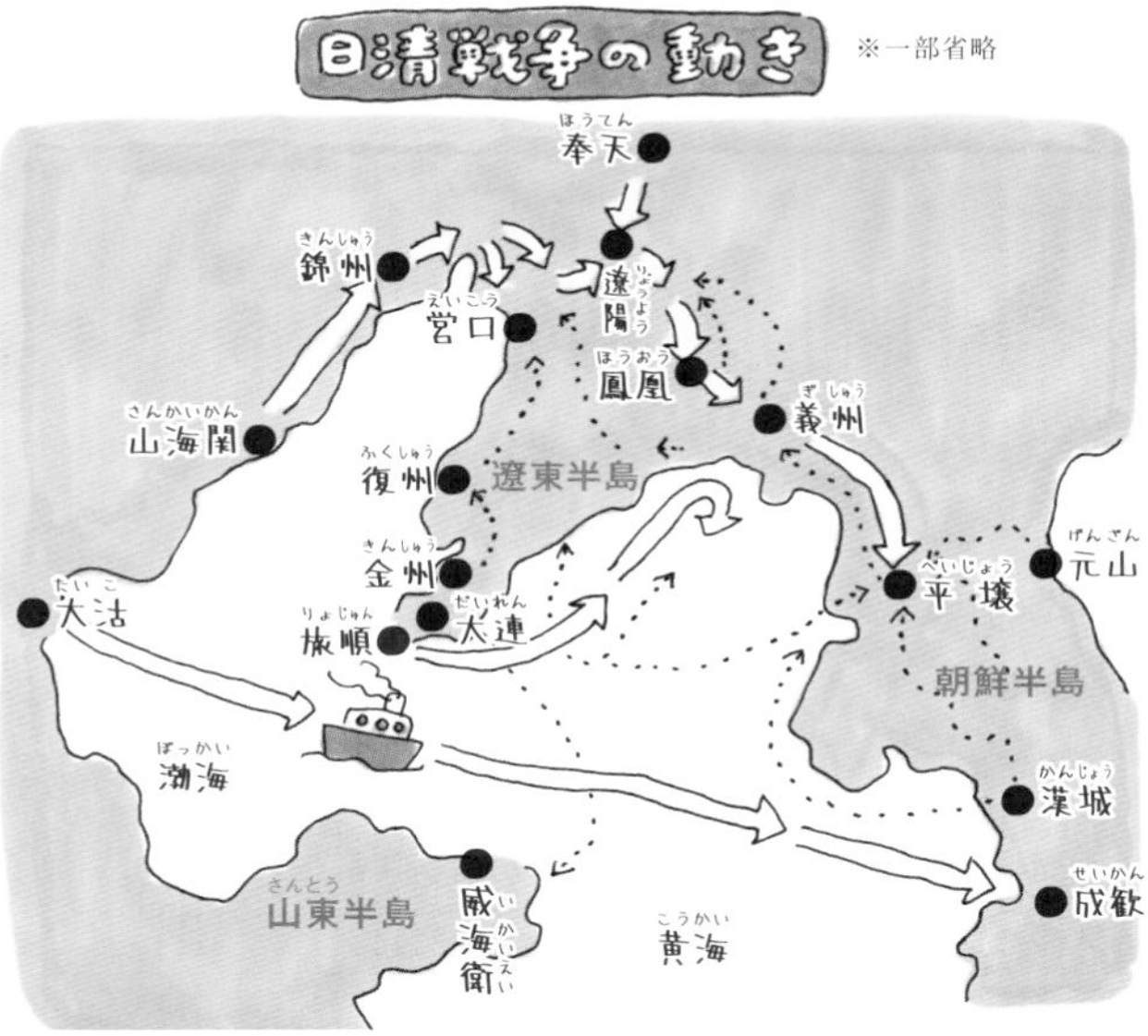

※一部省略

「富国強兵」で国のために戦う日本軍 「洋務運動」でなんとなく戦う清軍

1870年代半ば、積極的な対外政策をとっていた日本は朝鮮に開国を要求し、1876年に「**日朝修好条規**」を締結。しかし、朝鮮に対する清の宗主権を否認する表現が条文中にあったため、清は警戒心を強めていきました。

1894年、大規模な反乱である「**甲午農民戦争**」が朝鮮で起きたため、清は軍隊を送ります。かたや日本軍もソウルに進軍し、朝鮮にいる清軍を攻撃。その後清に宣戦布告して、「**日清戦争**」が始まります。

朝鮮半島から清へと北上した日本軍は、遼東《りょうとう》半島にある清の海軍基地を陥落させ、日清戦争に勝利します。国民国家の意識を持ち、一人ひとりが国を背負うと考えていた日本軍は、官僚の義勇軍から成る清軍よりも高い戦意を持っていたのです。**清の敗北で、洋務運動の失敗**が露呈しました。

C

下関条約後の清 〝死せる豚〟と呼ばれる

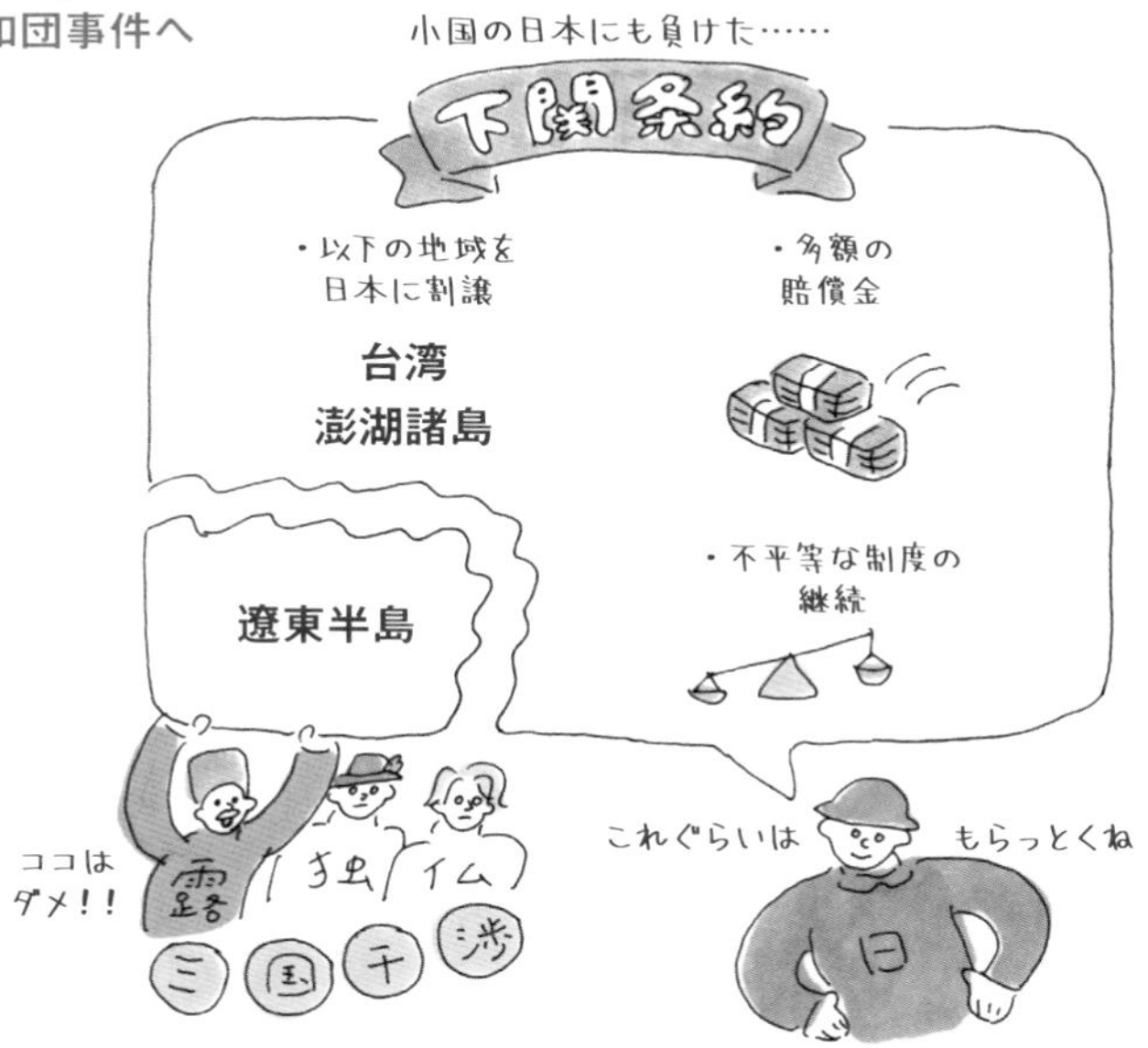

朝鮮独立で朝貢体制が完全に崩壊 小国・日本への敗北に世界が震撼

1895年、清は李鴻章を日本に派遣し、伊藤博文らとの交渉に当たらせます。約1ヵ月の交渉を経て、清と日本は**「下関《しものせき》条約」**を締結。**清が朝鮮の独立を認めたことで、明《みん》時代から周辺諸国と築いてきた朝貢体制が完全に終わりを告げました。**

下関条約により、清は日本に多額の賠償金を支払うことに。その上、関税や裁判などに関して欧米が清に認めさせた不平等な制度も引き続き適用されました。さらに台湾とその付近の澎湖《ほうこ》諸島、遼東半島を割譲しましたが、遼東半島が日本の領土になることにロシアが反対。ロシア、フランス、ドイツの**「三国干渉」**により、遼東半島は返還されました。広大な領土を擁し、欧州諸国から〝眠れる獅子〟と恐れられてきた清ですが、小国の日本に負けたことで評価が一変。**〝死せる豚〟**と呼ばれ、各国の中国進出が活発化します。

もっと知りたい 日清戦争

Key word

日本が朝鮮に押し付けた「日朝修好条規」とは？

1876年、日本と朝鮮王朝との間で結ばれた条約。明治政府は圧力をかけて、日本の法律で裁く領事裁判権を定めたり、朝鮮の関税自主権を認めなかったりと、不平等な条件を押し付けました。朝鮮はこの条約に従い、釜山《ぶさん》を含む３港を開港。また、この条約には、朝鮮に対する清の宗主権（朝鮮の従属）を否定する文言がありました。このときから、近代日本の大陸進出の歴史が始まったのです。

Key word

朝鮮での大規模反乱「甲午農民戦争」とは？

1894（甲午）年、朝鮮発祥の宗教「東学《とうがく》」の地方幹部が、役人の不正に対し起こした反乱。東学に続く農民は１万人を超す規模に増え、反乱から農民戦争に拡大。朝鮮政府が清に出兵を要請すると、日本軍も負けじと朝鮮へ出向いたため、日清戦争に発展しました。儒教・仏教・道教を融合させた東学は、キリスト教（西学）に対抗して名付けられており、その名をとって「東学党の乱」とも呼ばれます。

Key word

日露戦争の一因「三国干渉」とは？

1895年、日本が遼東半島を獲得したことに対して、ロシアがフランス、ドイツに働きかけて返還を迫ったこと。日本が遼東半島を得ると、東アジアのパワーバランスが崩れるからとの名目でしたが、実は中国北東部の満洲《まんしゅう》進出を狙っていたロシアにとって、遼東半島は重要な拠点だったのです。抵抗できなかった日本は、遼東半島を返すかわりに多額の賠償金を得ましたが、国民はロシアへの反発を強めました。

History No.6

義和団事件は“三大悪女”西太后をも翻弄した

公式で理解！

A 清の分割＋B“扶清滅洋”＝C 完敗

日本に敗北して以降、中国の土地はパイのように分割されていきます。改革派を敵視する西太后は西洋を排除しようと画策しますが……。

光緒《こうちょ》帝ら変法（改革）派に対し、面白くないのが西太后《せいたいこう》ら保守派。光緒帝を幽閉してまで、現状維持に固辞します。

清《しん》を分割する列強を排除しようと、義和団が蜂起。外国勢力を清から追い出したい西太后は義和団を公認します。

1899年

B

“扶清滅洋”を掲げる義和団事件に西太后が便乗

1901年

C

義和団完敗! 北京議定書に西太后の心折れる

西太后の宣戦布告に対し、8ヵ国が出兵。完敗した清は半植民地化され、さすがの西太后も改革の必要を痛感します。

A 分割されゆく清で改革派と保守派が敵対

抜本的な改革を訴える変法派と現状を維持し続けたい保守派

日清戦争の賠償金を工面しなければならなくなった清。列強各国は清にお金を貸し、その代わりに、**さまざまな利権を獲得**していきました。さらに列強各国は、自国民が殺害されるなどの口実ができると軍を派遣し、**次々に清の土地と利権を奪っていった**のです。これを**「瓜分《かぶん》」**といいます。

光緒帝は、この事態を打破するには抜本的な変革が必要と考え、立憲制を導入して清を変えようとする**梁啓超《りょうけいちょう》**（→106頁）などの**変法派**と手を結び、近代化・民主化に乗り出します**（戊戌《ぼじゅつ》の変法）**。

しかし、変法派と官僚の意見が合わず、改革は難航。また、**西太后**（→68頁）ら保守派は、現状の急激な改変を嫌って改革に抵抗します。西太后は、信頼を寄せていた軍人・**袁世凱《えんせいがい》**（→69頁）が変法派を裏切ったことを機に**光緒帝を幽閉**し、**改革を頓挫**させました。これを**「戊戌の政変」**といいます。

B

〝扶清滅洋〟を掲げる義和団事件に西太后が便乗

自分たちの国である清を扶けて西洋の勢力を滅ぼそう

土地や鉄道敷設権などの利権を得た列強各国は、次々に開発を進めていきました。一方、貧困に苦しむ清の庶民は、このようなやり方をする外国人に反感を持ち、各地で**外国人を排斥**します。

こうした動きが活発になり、1899年頃に始まったのが**「義和団事件」**です。義和団とは、道教や仏教をベースにした独自の宗教観を持ち、義和拳という武術を使う集団です。山東《さんとう》省を拠点に勢力を拡大した義和団は「**扶清滅洋**《ふしんめつよう》（清を扶《たす》けて西洋を排除する）」をスローガンに、各地で**鉄道や電線、教会などを破壊**していきました。

1900年には北京《ぺきん》周辺での破壊行為が激化。外交官までも殺された列強各国は、清朝政府に義和団を取り締まるよう要請します。しかし、外国勢力を排除したい**西太后**は**義和団を公認**。義和団の勢いに乗じて**列強に宣戦布告**します。

C

義和団完敗！ 北京議定書に西太后の心折れる

列強8ヵ国に植民地化された清でさすがの西太后も改革に賛同

清の宣戦布告を受けた**イギリス、フランス、ドイツ、ロシア、日本、アメリカ、オーストリア、イタリアの8ヵ国は**、清の居留地にいる自国民を救出する目的で共同出兵します。軍備で劣る清軍や、銃すら持っていなかった義和団はたちまち敗れ、**連合軍は開戦から2ヵ月で北京を占領**。皇居の紫禁城《しきんじょう》も手中に納め、西太后は陝西《せんせい》省の西安《せいあん》に逃れます。

完膚なきまでに叩きのめされた清は、1901年に列強11ヵ国との間に和約を結び、**「北京議定書」**が成立します。これにより清はまたしても莫大な賠償金を負わされた上、外国軍が北京に駐留することも承諾。列強各国にとって、**清は半植民地の状態**になったのです。

西太后と保守派は、清が諸外国に遅れをとっていることを痛感。かつて変法派が提案した**近代化への改革を進める**ことになりました。

もっと知りたい 義和団事件

Key word

パイの風刺画が有名
「瓜分」とは？

1つの「瓜」を「分ける」ように、土地を分割・支配すること。イギリスは威海衛《いかいえい》（山東半島の港の1つ）と香港の近くにある九竜《くーろん》半島の一部、ドイツは膠州《こうしゅう》湾（山東半島の港の1つ）、ロシアは旅順《りょじゅん》（遼東《りょうとう》半島の港の1つ）とその付近にある大連《だいれん》、フランスは広東《かんとん》省の広州《こうしゅう》湾を租借地とし、日本は福建《ふっけん》省を外国に割譲しないことを清政府に約束させました。租借地とは、外国が統治する権利を有する地域のことです。

Key person

変法派の中核
「光緒帝」とは？

清の第11代皇帝。幼くして即位したため、伯母の西太后が代わって政治を取りしきりました。しかし、成長後は日清戦争や近代化路線をめぐって西太后と対立。梁啓超《りょうけいちょう》（→106頁）ら変法派と手を組んで戊戌の変法を断行しますが、そのわずか100日後に紫禁城に幽閉されてしまいます。

Key word

明清の旧皇居
「紫禁城」とは？

明《みん》の時代に北京に建てられ、清の滅亡まで使用された広大な宮殿。朱塗りの壮大な天安門、映画『ラスト・エンペラー』で有名な午門《ごもん》（正門）をはじめとする数々の豪華な建物からは、かつての皇帝の力の強さを感じ取れます。最後の住人・溥儀《ふぎ》（→93頁）が退いてからは「故宮博物院」という博物館に変わり、現在は観光名所に。世界最大の宮殿として、ユネスコ世界遺産に登録されています。

History No. 7

各省の独立 と そのウラで暗躍する孫文&袁世凱

公式で理解!

A 孫文の革命 + B 清への不満 = C 袁世凱のたくらみ

近代化に向け、国内でいよいよ改革がスタート。
清《しん》王朝のままではダメだと立ち上がったのが、孫文《そんぶん》と袁世凱《えんせいがい》です。

1905年

A

孫文率いる中国同盟会、革命を目指す

1908年

宣統帝溥儀即位

「中国革命の父」孫文の改革はハワイから始まりました。一方、袁世凱は、清で地方改革に着手していました。

1911年10月〜

B 全国的な清への不満爆発! 各省が独立

政治への不満から打倒清朝の機運が高まる中、湖北《こほく》省の武昌《ぶしょう》を皮切りに、各省が続々と清からの独立を宣言します。

1911年11月〜

C 内閣総理大臣 袁世凱、たくらむ

清政府から各省の独立を止めるよう求められた袁世凱。革命政府のトップになった孫文と密約を交わします。

A 孫文率いる中国同盟会、革命を目指す

興中会	1894年ハワイで結成 リーダー：孫文
華興会	1903年長沙《ちょうさ》で結成 リーダー：黄興
光復会 など	1904年上海で結成 リーダー：章炳麟《しょうへいりん》

グローバルな視点を持つ孫文 打倒清朝を掲げて革命グループ結成

義和団事件に伴う各国との争いに破れた清朝は、西太后と光緒《こうちょ》帝のもと近代化を敢行。度重なる敗戦の中、政治家でジャーナリストの**梁啓超**《りょうけいちょう》（→106頁）の思想・主張が浸透し、**庶民にも改革が必要という意識が生じ**、近代化を後押しします。李鴻章《りこうしょう》（→68頁）の後継者となった**袁世凱**も、この時期に地方行政の改革に着手します。

一方、清に生まれ、ハワイで育ち、香港で医学を学んだ国際派の**孫文**（→69頁）は、清朝打倒と民主主義国家の樹立を目指し、「**興中会**《こうちゅう》」という革命団体を結成します。1895年には広州で武装蜂起を計画しますが失敗。日本に亡命します。

その後孫文は、日本に留学していた**黄興**《こうこう》らの革命結社「**華興**《かこう》**会**」などと東京で合流。孫文を総理とした「**中国同盟会**」が誕生しました。

こうして改革の気運は高まっていったのです。

B 全国的な清への不満爆発！各省が独立

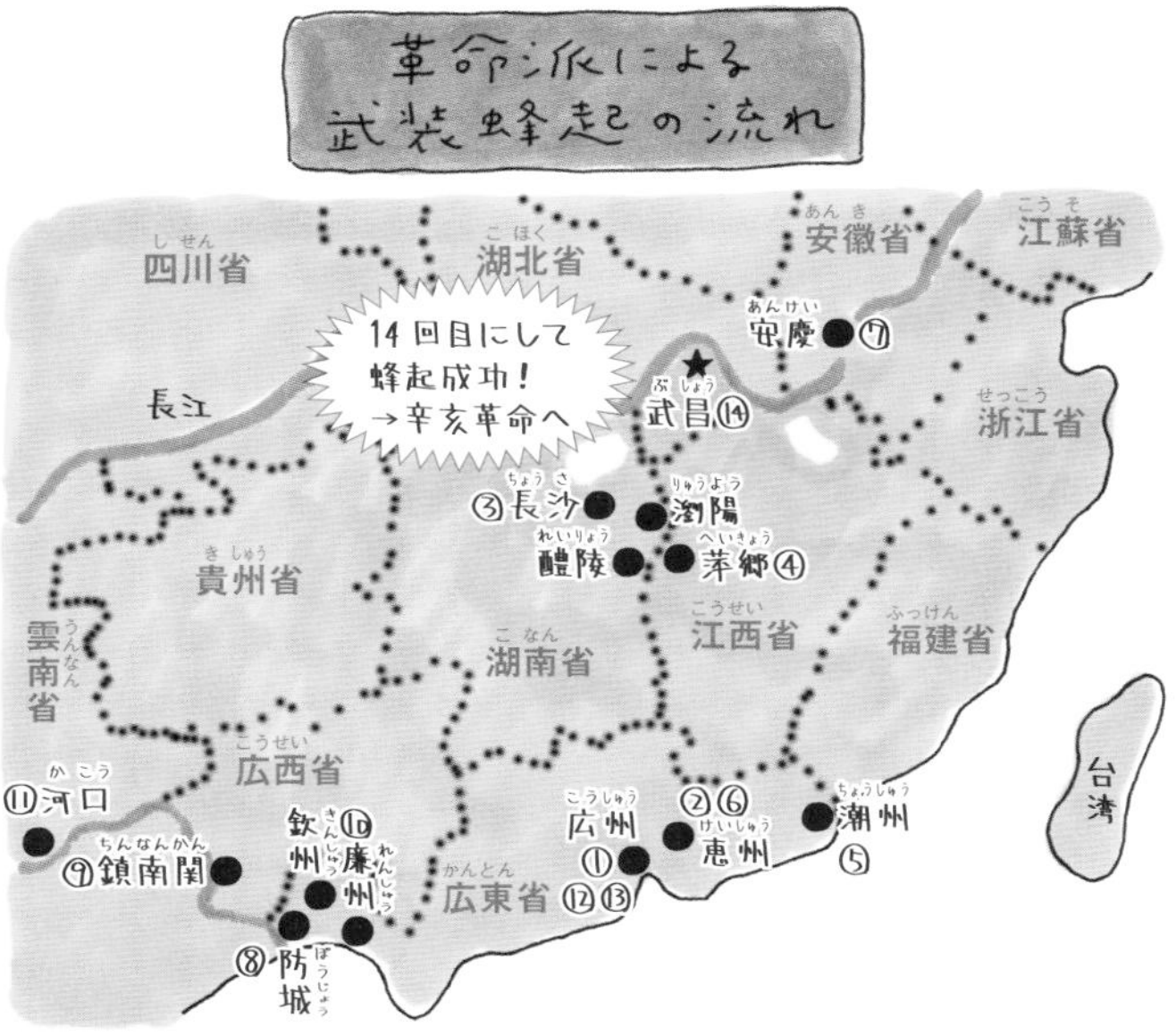

孫文の知らぬ間に始まった辛亥革命 きっかけは武昌が発端の各省独立

そんな中、1908年に光緒帝と西太后が相次いで死去。西太后に指名された**溥儀《ふぎ》**（→93頁）が、2歳で宣統《せんとう》帝として即位します。しかし、溥儀の父親による摂政政治は失敗続きでした。その結果、国民は不満を募らせ、各地で武装蜂起が起こりました。

1911年には**鉄道の国有化**政策が打ち出されましたが、四川《しせん》省では激しい反対運動が起こりました。政府側の四川総督は、リーダーを拘束。さらに釈放を求めて押し寄せた群衆に発砲したのです。

流れに乗じて、興中会をはじめ、多くの革命集団が武装蜂起を試みる中、**湖北省の武昌**で清朝の軍隊が反乱を起こし、独立を宣言。その後1ヵ月の間で、**湖南《こなん》省**、**陝西《せんせい》省**など、中国18省のうち14省が清朝から離脱します。

これらの独立が**「辛亥《しんがい》革命」**の始まりです。

C

内閣総理大臣袁世凱、たくらむ

清の味方と見せかけて……暗躍する袁世凱、その黒幕に孫文

各省からの独立宣言に打つ手のない清朝は、要人暗殺未遂で逮捕された孫文の右腕の**汪兆銘**《おうちょうめい》を釈放したり、袁世凱を**内閣総理大臣**に任命して、反乱軍の鎮圧を求めたりします。

かたや袁世凱は、清朝の要請に応えるかたわら、秘かに**革命軍とも取引を進めたり**、立憲君主制を主張する実業家とつながったりと、自身に賛同する者を増やしていきます。長江《ちょうこう》流域に利権を持っていたイギリスも袁世凱を支持していました。

一方、アメリカにいた孫文は各省の独立を知り帰国。南京《なんきん》で組織された革命臨時政府の**臨時大総統**に迎えられます。しかし、孫文は革命はできても財政面などで臨時政府を支えられなかったため、「**宣統帝（溥儀）が退位**し、袁世凱が**共和制に賛成**するなら、臨時大総統の座を譲る」と密約。袁世凱は政府要人に宣統帝の退位を迫ります。

もっと知りたい 各省の独立

Key person

孫文に並ぶ“民国革命の双璧”「黄興」とは?

湖南省出身の革命家。長沙で結成された反清朝の革命団体「華興会」に結成から参加し、会長として革命運動を指導します。日本亡命後は東京で孫文らと中国同盟会を結成。孫文に先駆けて帰国すると、1911年の武昌での蜂起に参加して辛亥革命の口火を切りました。孫文と合わせて“民国革命の双璧”と称されます。

Key person

孫文の側近として活躍した「汪兆銘」とは?

広東《かんとん》省出身の政治家。汪精衛《せいえい》の名でも知られます。法政大学での留学中に中国同盟会に入会。1910年、溥儀の父の暗殺に失敗して死刑宣言を受けますが、辛亥革命により釈放。以降、国民党で孫文の側近として活躍します。日中戦争が始まると日本との提携を主張しますが中国国民の共感を得られず、後に名古屋で病死。

Key word

中華民国トップの呼び方「臨時大総統」とは?

「大総統」は、中華民国における国家元首の名称。日本語でいえば、「大統領」にあたります。1912年1月1日、中華民国建国の際に成立した政府は臨時のものだったため、トップである孫文の地位もあくまで「臨時大総統」。1913年には正式に「大総統」の呼称が確立しますが、1928年に「中華民国国民政府主席」に変更されました。

History No. 8

辛亥革命が中華民国を作り、袁世凱を倒した

公式で理解!

A 中華民国 + B 袁世凱の独裁 + C 自滅

辛亥《しんがい》革命により、長きにわたる清《しん》王朝の歴史に幕が下ろされました。中華民国のリーダーとなった袁世凱《えんせいがい》は、次第に増長していき……。

1912年1月1日

A

中華民国成立で辛亥革命は一件落着

1912年2月

宣統帝溥儀退位

武昌《ぶしょう》の反乱から始まった辛亥革命は、中華民国の建国、宣統《せんとう》帝の退位をもって終結。孫文《そんぶん》は密約を果たします。

大総統となったにもかかわらず、袁世凱は議会政党や地方勢力と衝突ばかり。中央集権と権力強化を目指します。

1916年

B

独裁的な袁世凱に各方面から不満

C

皇帝になり損ねた袁世凱、自滅……

中華帝国化を宣言し、皇帝就任を宣言した袁世凱の支持率は低迷。第一次世界大戦の勃発もあり、政権は窮地に。

A 中華民国成立で辛亥革命は一件落着

中華民国成立、宣統帝の退位……孫文から袁世凱にバトンタッチ

1912年1月1日、現・中国の前身である「**中華民国」の成立**が南京《なんきん》で宣言され、革命暫定政権のトップである臨時大総統には孫文が就任しました。翌月には〝ラストエンペラー〟**宣統《せんとう》帝の溥儀《ふぎ》が正式に退位**し、約300年続いた清王朝が終わりました。1911年の武昌《ぶしょう》に始まる各省の独立から、宣統帝退位までの流れを**「辛亥革命」**と呼びます。

皇帝の退位をもって**孫文は政府に辞表**を提出し、清朝の内閣総理大臣だった袁世凱を後任に推薦。以前からの密約を果たします。

ただし孫文は、袁世凱の推薦に3つの条件を付けました。①**首都を南京に置くこと**、②袁世凱は南京に来て**新総統に就任**すること、③新総統は「**臨時約法」を順守すること**。臨時約法とは、主権在民や議院内閣制などが盛り込まれた暫定憲法のことです。

B

独裁的な袁世凱に各方面から不満

バトンを受け取った袁世凱は密約に反して自身の権力を強化

孫文が提示した条件に反して、袁世凱は自らの勢力基盤である北京《ぺきん》を離れません。南京臨時政府は、やむなく北京で袁世凱を大総統に就任させます。臨時約法によって**議会政党が結成**され、共和党などの政党が誕生しました。しかし袁世凱は、権力を1つに集めて政治を行う「中央集権」が国を守るとして、大総統である自身の権限強化を求め、せっかくできた**政党と衝突**します。

続いて袁世凱は、自らに反対する政党の地方指導者を辞めさせます。罷免された江西《こうせい》省の指導者は、孫文の命を受けて武装蜂起し、**江西省の独立を宣言**します。しかし、外国からの支持と潤沢な資金、そして高い軍事力を持つ袁世凱に敗北。袁政権はますます力を強めます。

戦いに敗れた孫文らが属する政党のメンバーは、台湾経由で日本へと亡命しました。

C

皇帝になり損ねた袁世凱、自滅……

第一次世界大戦で勢力基盤が動揺 躍起になる袁世凱から離れる人々

1913年、袁世凱は正式な大総統に就任すると、自分にとって**邪魔な政党を解散**させた上、その党の議員の**議員資格をはく奪**。国会議員の過半数が消え、**国会が廃止**となります。翌年には大総統の権限をより強化した新憲法を公布しますが、同年にヨーロッパで第一次世界大戦が勃発すると、袁世凱が頼みとしていた欧米列強が後退。日本との対立を深めたため、政権は窮地に追い込まれます。

後ろ盾がなくなり、不安になった袁世凱は立憲君主制を提案し、自らの皇帝就任と中華民国の**「中華帝国」化**を宣言。すると、袁世凱を取り巻く人間もさすがに反対し、彼から離れていきます。

その一人、北京政府で活躍していた元地方軍官の**蔡鍔**《さいがく》が雲南《うんなん》省で反乱を起こし、独立を宣言。各地の将軍たちもこれに続きました。袁世凱はわずか83日で退位し、1916年に病死します。

もっと知りたい 辛亥革命

Key word

中華人民共和国の前身 「中華民国」とは？

1912 年、清朝皇帝の溥儀が退位した辛亥革命をきっかけに、アジアで 2 番目の共和国として成立。政権は変わりながらも正統な中国政府として認められていました。しかし、1949 年の中華人民共和国建国以降は台湾とその周辺地域のみを支配するようになり、「二つの中国」がにらみ合う状態に（→ 104 頁）。2020 年現在、中華民国を正式に国家として承認している国は 15 ヵ国といわれています。

Key word

中華民国の暫定憲法 「臨時約法」とは？

1912 年 3 月 10 日、袁世凱が北京で臨時大総統に就任。その翌日に制定された暫定憲法が「臨時約法」です。中華民国の主権は国民にあること（主権在民《しゅけんざいみん》）、全国民が平等なこと、言論・出版・集会の自由の保障などを盛り込んだ近代的な憲法で、議院内閣制によって袁世凱の力を抑制する意図もありました。しかし、1914 年に大総統の権限を強化した新たな「約法」が公布され、事実上廃止となりました。

Key person

袁世凱の帝政に反発した 「蔡鍔」とは？

湖南《こなん》省出身の軍人。もともとは袁世凱による中央集権体制を支持していましたが、袁世凱が自身の力を強化していったために反旗を翻し、北京を脱出。日本、ベトナムを経て雲南に帰り、挙兵して「護国《ごこく》戦争（第三革命）」と呼ばれる戦いを繰り広げます。南方の諸省が後に続き、戦線は拡大しました。

10人の傑物 PART 1

曾国藩《そうこくはん》

1811 ～1872 年

太平天国の乱の鎮圧に大きく貢献した清朝末期の名臣

湖南《こなん》省出身の軍人、政治家。従来のバラバラな組織を良しとせず、指揮系統を整えた大規模な義勇軍「湘《しょう》軍」を編成し、太平天国軍を鎮圧しました。洋務運動では先駆者として工場設立などを行ったほか、優秀な人材を育成しました。

太平天国の乱 P26　日清戦争 P44

李鴻章《りこうしょう》

1823 ～1901 年

軍事・外交から経済事業まで多彩に活躍したオールラウンダー

安徽《あんき》省出身の政治家。曾国藩の弟子として頭角を表し、湘軍にならって地元で「淮《わい》軍」を結成。太平天国の乱後も国内の内乱を平定し、清朝の立て直しに尽力しました。下関条約や北京議定書の調印などにも携わり、逝去まで活躍。

太平天国の乱 P26　清仏戦争 P38　日清戦争 P44

西太后《せいたいごう》

1835 ～1908 年

息子・甥のバックについて約 40 年間実権を握った女傑

第9代皇帝の咸豊《かんぽう》帝（→ 37 頁）の側室。帝の死後にその弟と結託して大粛清を決行し、中国三大悪女に数えられました。その後、幼帝である息子の同治《どうち》帝、甥の光緒《こうちょ》帝に代わり実権を握りましたが、義和団事件で改革の必要性を実感。

義和団事件 P50　各省の独立 P56

COLUMN 1

近現代の中国を支えた

近現代の中国を語る上で欠かせない10人の名士をご紹介。
まずは辛亥革命までに登場した主要人物5人をピックアップ。

PART 2は→106頁

袁世凱《えんせいがい》

1859～1916年

動乱の清朝末期を巧みに切り抜けた中華民国初代大総統

河南《かなん》省出身の軍人、政治家。淮軍で活躍し、西太后の信頼を得ました。李鴻章の後継者として北洋軍閥の実権を握り、辛亥革命に乗じて清朝を滅亡に追い込みます。大総統就任後に帝政を宣言して反発され、宣言を取り消してまもなく病死。

義和団事件 P50
各省の独立 P56
辛亥革命 P62
二十一カ条要求 P70

孫文《そんぶん》

何度倒れても革命を志し国民党を立ち上げた中華民国の“国父”

広東《かんとん》省出身の政治家、革命家。ハワイ留学、キリスト教入信などを経て数度の革命を画策し、中華民国設立後は中華革命党、国民党を結成。中国では「孫中山《そんちゅうざん》」先生として慕われ、台湾では100元《げん》紙幣に描かれています。

各省の独立 P56
辛亥革命 P62
第一次国共合作 P76
北伐 P82

1866～1925年

ニ十一カ条要求が反日感情に火を点けた

公式で理解!

A 無理難題 × B 怒る若者 × C 火に油

現代のニュースでも度々取り上げられる「反日」の問題。
その一因は、今から約100年前の日中関係にありました。

1915年

A

日本、袁政権に無理難題なニ十一カ条要求を突きつける

日本よ、横暴にもほどがある!

1914年

第一次世界大戦勃発

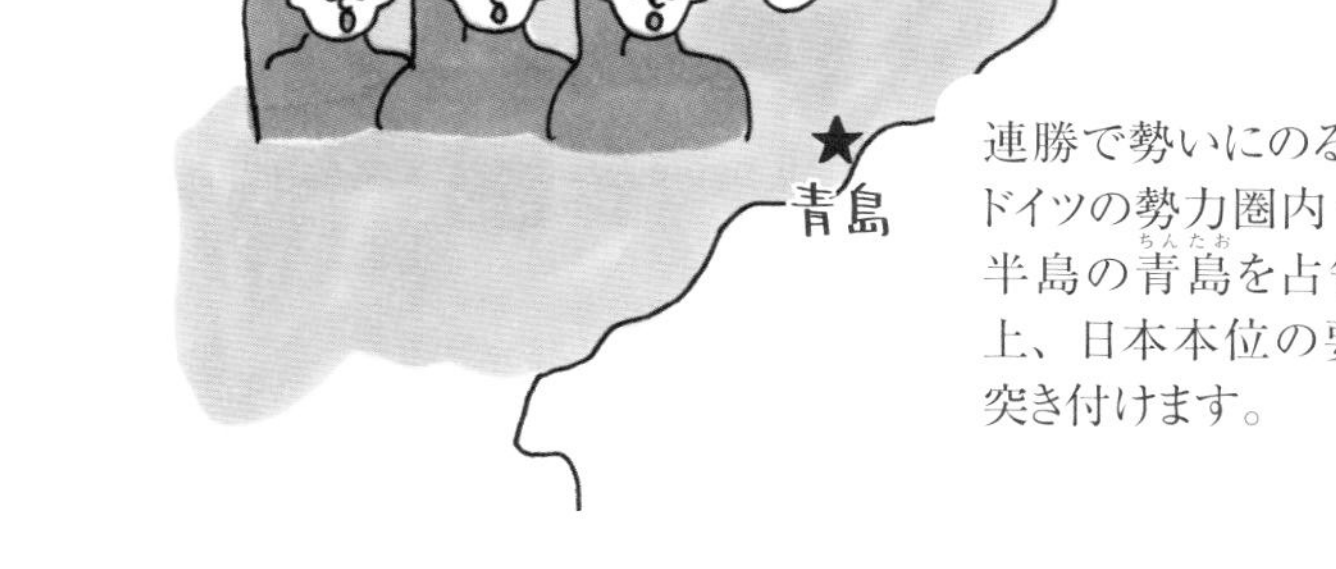

連勝で勢いにのる日本。ドイツの勢力圏内・山東《さんとう》半島の青島《ちんたお》を占領した上、日本本位の要求を突き付けます。

学生や知識層を中心に反日感情と反帝国主義運動が拡大。文明史的に重要な革命につながりました。

1919年5月

C

ヴェルサイユ条約が学生の怒りに油を注いだ

1919年1月

パリ講和会議

1915～1918年頃

B

日本と袁政権に怒る若者、思想・文学を革命

パリ講和会議の結果ヴェルサイユ条約が発表されると、内容に不満を持つ国民の中で学生運動が激化します。

A

日本、袁政権に無理難題な二十一カ条要求を突きつける

山東半島を手中に収めた日本に有利な要求を提出

1914年に**第一次世界大戦**が勃発すると、中国を分割支配していた欧米列強の力が緩みます。以前から勢力拡大を狙っていた日本は、ロシア、イギリスなどの連合国サイドとして、敵国ドイツの中国拠点である**山東半島の青島**に攻め入りました。

1915年、山東を占領した日本は、中国へのさらなる権益確保と、中国からの欧米勢力の排除を試みます。中国に※租借《そしゃく》地を返還するようドイツに命じる一方、自らは袁世凱《えんせいがい》に**「二十一カ条要求」**を提出。ドイツが保有していた**山東の権利や利益**を**日本が受け継ぐ**こと、遼東《りょうとう》半島の**旅順《りょじゅん》**や**大連《だいれん》**などに日本人が**自由に居住し商売**できるようにすること、**鉄鋼コンビナートの日中合弁化**や**鉱山の採掘権の認可**、中央政府に**日本人の顧問**を雇用することなどを希望しました。この要求は、中国国民の**激しい反発**を呼び起こします。

※租借…外国がその地域を一定期間借りて統治すること。

B

日本と袁政権に怒る若者、思想・文学を革命

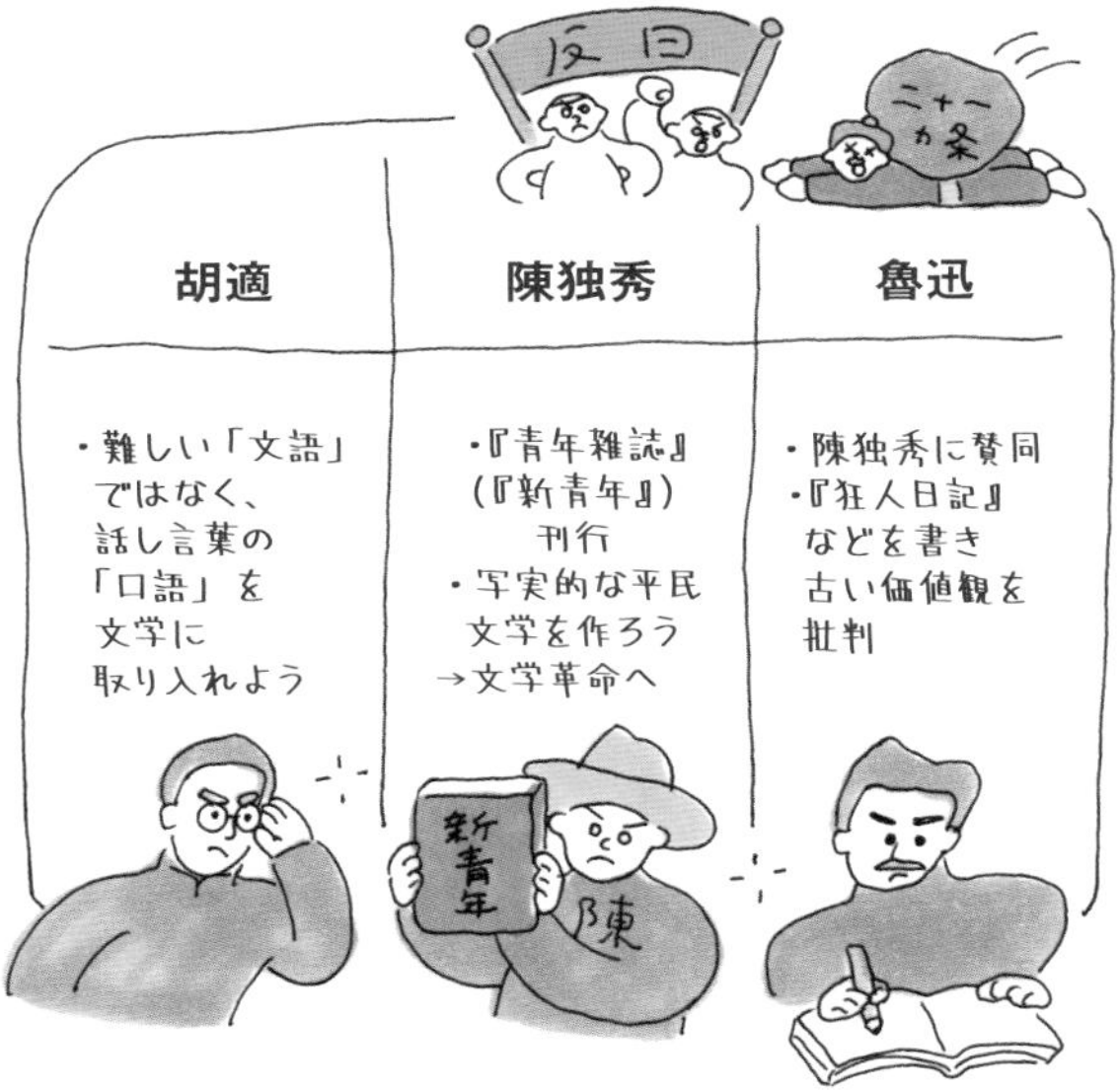

反日感情と政権への不信感が募る中 陳独秀、魯迅らインテリが活躍

欧米のバックアップを失っていた袁世凱は、二十一カ条要求を退けることができません。不安定な袁政権に対し、知識層や学生の間に**不信感と反日感情**が広まっていきました。

そんな中、革命家の**陳独秀**が『青年雑誌』（のちの**『新青年』**）を刊行。亡国の危機にある中国を救うために、自主性、進歩性、国際性の必要を唱え、多くの若者の賛同を得ます。

『新青年』では、思想家の**胡適**を中心に、それまでの貴族文学の象徴である文語ではなく、**口語（白話）**で**伝える平民文学**を誕生させようと説きました。これを実践したのが1918年に掲載された**魯迅の短編小説『狂人日記』**です。

ほかにも欧米の思想の紹介や、従来の儒教道徳への批判などが展開され、知識層を中心に新しい考えが広がりました。これらを**「文学革命」**と呼びます。

C

ヴェルサイユ条約が学生の怒りに油を注いだ

山東半島は中国の土地のはず！全国的な学生運動で世界に抗議

1919年、第一次世界大戦の戦後処理について話し合う**「パリ講和会議」**が開かれました。中国はここで、日本の山東占領と二十一カ条要求が不当であることを訴え、無効にしようと考えます。しかし、会議を主導するイギリスやフランスはその時点ですでに日本の支持を決めており、第一次世界大戦の講和条約である**「ヴェルサイユ条約」**で**山東の返還要求は却下**されました。

これに抗議し、中国国内で**学生運動が激化**。5月4日には北京《ぺきん》の天安門広場前に3000人を超える学生が集まり、**抗日や反帝国主義を掲げてデモ**を決行。反日運動は全国に広がり、大勢の逮捕者が出ました。上海《しゃんはい》では商店が一斉に店を閉めて抗議するなど大きな現象となります**（五《ご》・四《し》運動）**。

これらの世論を受けて、中国の代表団はヴェルサイユ条約の調印を拒否します。

もっと知りたい 二十一カ条要求

Key person

共産党の初代総書記
「陳独秀」とは？

安徽《あんき》省出身の革命家、ジャーナリスト、政治家。清《しん》王朝に反対する革命家として活動したのち、中華民国成立後は古い制度を廃止して西洋文明を取り入れるべきと主張した『新青年』を発行して有名ジャーナリストに。五・四運動後は社会主義を学び、共産党設立者の1人として初代総書記に選出されました。

Key person

剣より強いペンで改革を目指した
「魯迅」とは？

浙江《せっこう》省出身の作家。1902 年に日本に留学し、医学を学ぶかたわら西洋の文学や哲学に触れました。その後、医学で身体を治すより、文学で中国人の精神を改革すべきだと奔走。短編小説『狂人日記』では中国の古い社会制度と儒教的な倫理を糾弾し、小説『阿Q正伝』ではずる賢い民衆の態度を風刺しています。

Key word

五・四運動を引き起こした
「ヴェルサイユ条約」とは？

1919 年、第一次大戦後のパリ講和会議にて話し合われ、戦勝国（イギリス・フランス・ロシア）と敗戦国ドイツとの間に結ばれた講和条約。条約名は、ヴェルサイユ宮殿で調印式が行われたことに由来しています。全 247 ヵ条から成る条約により、ドイツは高額の賠償金をはじめとする極めて厳しい制裁を受け、戦勝国は既得権益を確保。翌 1920 年、この条約を元に国際連盟（→ 93 頁）が発足しました。

History No. **10**

第一次国共合作で中華民国がついにまとまる!

公式で理解!

A セレブの支持 + B ブルーカラーの支持 = C 中国一体化

内憂外患の状況の中、国民党と共産党という2つの政党が成立。互いの目的のために手を組み、ようやく中国が1つにまとまります。

1919年10月

A

セレブに支持され国民党が成立

1919年7月

第一次カラハン宣言

軍閥の混戦

北京政府のトップをめぐり軍閥が争い合う中、再び立ち上がった孫文《そんぶん》は、資本家に支持され国民党を結成します。

国民党の成立から2年後、陳独秀《ちんどくしゅう》らを中心に共産党が結成。労働者を取り込み、社会主義国家建設を目指します。

1921年

B

ブルーカラーに支持され共産党が成立

1924年

C

第一次国共合作が成立 中国、夢の一体化!

1924年の国民党全国大会において、孫文は国民党と共産党が協力する「国共合作」を承認。中国が1つに!

A セレブに支持され国民党が成立

中国国民党

代表者	支持者	主義・主張
孫文	資本家 知識人	・反帝国主義（植民地政策や他国への侵略をよしとしない） ・反軍閥 ・民主主義的な中央集権政党を目指す

袁世凱亡き後、混乱する北京政府で中央集権を掲げる国民党が成立

第一次世界大戦中、孫文は亡命先の日本で「**中華革命党**」を結成。しかし、内部抗争などで権力基盤を築けずにいました。また、袁世凱《えんせいがい》亡き後の北《ぺ》京《きん》政府でリーダーとなった親日派の**段祺瑞**《だんきずい》は、反日運動もあって安定政権を築けませんでした。北京政府は地方軍人の組織「**軍閥**」（→87頁）が実権を争う状態となります。

中国全体が混乱する中、孫文が注目したのはロシア革命で誕生した**ソビエト連邦**です。1919年に孫文は、組織の原則をソ連にならって、中華革命党を「**中国国民党**（以下「**国民党**」）」に改めます。

1924年には第一回全国大会を開き、国民革命を目指すことを宣言。**反帝国主義・反軍閥**の国民革命を目指すことを決定します。**民主主義的**な中央集権政党となることを決定します。資本家や知識人などセレブ層の支持を得て、孫文は組織改編を行いました。

B ブルーカラーに支持され共産党が成立

ロシア贔屓の風潮の中 社会主義国家を目指す共産党も成立

国民党の成立と同じ頃、ソビエト政府は「第一次カラハン宣言」を発し、かつて帝政ロシア時代に奪った中国の権益を、無条件で返還すると約束。これに多くの中国人が感激しました。マルクス主義の広まりやコミンテルン※の働きかけもあって、中国国内で**ロシアを支持**する声が高揚。その風潮を受けて、1921年には「**中国共産党**（以下「**共産党**」）」が創立しました。

共産党の主要メンバーは『新青年』の**陳独秀**《ちんどくしゅう》や、日本の社会主義勢力とも接触していた**李大釗**《りたいしょう》など。第一回全国大会には、湖南省で共産主義グループを組織していた**毛沢東**《もうたくとう》が参加していました。

民主主義を目指す国民党の中心的な支持者は、知識人や資本家。それに対し、共産党は**社会主義国家建設**を目指し、都市労働者や農民などを取り込んでいきます。

※コミンテルン…共産党の国際的な指導・統制センター。

Ⓒ

第一次国共合作が成立 中国、夢の一体化！

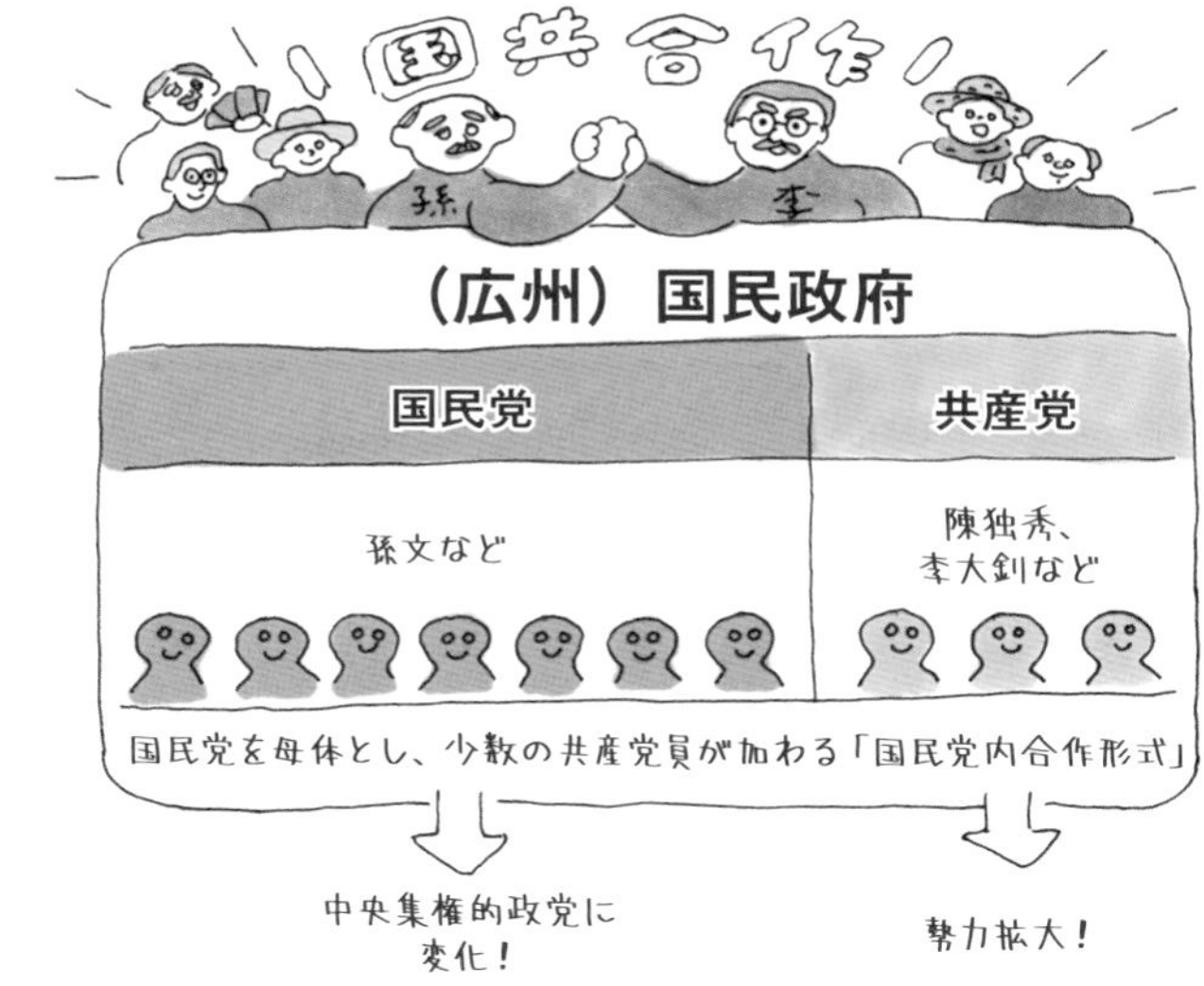

互いの野望を叶えるため 国民党と共産党がタッグを組んだ！

国民党には「北京政府や北部軍閥を倒して**中国を統一**し、日本を含む**列強の進出を阻みたい**」、共産党には「**勢力を拡大したい**」という野望がありました。2党の性格はバラバラでしたが、国民党の孫文はソ連の援助を受け入れ、中国統一と独立を目指し、共産党と力を合わせる**「第一次国共※合作」**を承認。2党の政府として新たに**「（広州《こうしゅう》）国民政府」**を樹立しました。数では圧倒的に少ない共産党員が、共産党員のままで国民党に参加する「国民党内合作形式」をとり、陳独秀と李大釗は国民党員となって党内改革を援助しました。

これにより国民党は、秘密結社（→31頁）的な体制から近代的な政党に変わります。政治と軍事を一体化した**中央集権的組織**として、**全国的に規模を拡大**。共産党も労働運動、農民運動を指導したことで、急速に勢力を伸ばしていきます。

※国共…中国国民党と中国共産党をまとめた呼び方。「合作」とは「協力関係」の意味。

もっと知りたい 第一次国共合作

Key word

中国国民が感謝した「第一次カラハン宣言」とは？

ロシア革命後の1919年にソ連が発した、かつて中国と結んだ不平等条約を撤廃する宣言。帝政時代のロシアは、中国での鉄道の敷設・経営権、鉱山の採掘権を得ていたほか、治外法権を認めさせるなどの不平等条約を中国と結んでいました。帝政から革命を経て社会主義の国となったロシアは、その一切の破棄を約束。中国国民、とりわけ知識層はこれに熱狂し、マルクス主義の流行、共産党成立につながりました。

Key word

一世を風靡した「マルクス主義」とは？

ドイツ人のカール・マルクスとフリードリヒ・エンゲルスにより確立された社会主義的思想。資本家が独占している富を国民に公平に分配し、協働・協力によって成り立つ社会を目指す考え方です。中国流入以降、マルクス主義やマルクスの著書『共産党宣言』は共産党の基本的な考えとして普及。その後、毛沢東への全面的服従を求める独自の「毛沢東思想」へと変化し、党の独裁性を高める一助になりました。

Key person

早稲田大学でも学んだ「李大釗」とは？

湖《こ》北《ほく》省出身の政治家。早稲田大学留学中に二十一カ条要求に激怒。マルクス主義を知ると、1918年に『新青年』に論文を発表し、労働者の決起を呼びかけました。その後、中国におけるマルクス主義運動の先駆者として、1921年に中国共産党を創設。第一次国共合作の際には指導者の1人として活躍しました。

History No. **11**

北伐が国共を引き裂き中華民国をまとめた

公式で理解！

A 争う軍閥 + B 国共分離 = C 全国統一

第一次国共合作がなされて国民政府ができても、北京《ぺきん》では依然軍閥が政権をめぐり争っていました。国共の仲にも亀裂が走ります。

1920年代
北京で軍閥同士が激突

1924年
孫文が「北伐宣言」

1926年
A 争う軍閥を倒すべく蒋介石が「北伐宣言」

北京での軍閥同士の争いを鎮圧しようと、孫文《そんぶん》は北伐を宣言。志半ばで病死しますが、蒋介《しょうかい》石《せき》が遺志を継ぎます。

北伐軍は南京《なんきん》を占領。軍に属する共産党員の横暴さに列強は激怒します。2党は仲違いし、国共合作は崩壊……。

1927年3月

北伐軍が南京占領

1927年月

B

横暴な共産党員を大粛清して国共分離

1928年

C

蒋介石が全国統一、共産党は自国建国

蒋介石はカワザで北京政府を倒し、全国統一を果たします。一方共産党は中華ソビエト共和国を打ち立てました。

A

争う軍閥を倒すべく蒋介石が「北伐宣言」

いくつもの軍閥が群雄割拠する北京打倒に向けて孫文と蒋介石が北進

第一次国共合作の目的の1つは、**北京の軍閥政府**を倒すこと。当時北京では、大規模組織だった**北洋《ほくよう》軍閥**が2派に分かれて争っていました。そこに、北京の北西に位置する、**張作霖《ちょうさくりん》**を筆頭とする**奉天《ほうてん》派**や、北京の西側にある**山西《さんせい》派**などの軍閥も入り交じり、戦争が頻発。中国統一を目指す孫文は、これらの軍閥を倒すための**「北伐宣言」**を発令して北京を訪れますが、志半ばで病死してしまいました。

孫文亡き後、国民党の後継者として台頭してきたのが**蒋介石**。孫文のもと、軍事のスペシャリストとしてソ連の赤軍《せきぐん》を視察し、国民党直属の軍隊を育てる軍官学校の校長も務めた実力者です。

1926年、蒋介石は北京政府や各地の軍閥を倒して革命を完成させようと、孫文にならって**「北伐宣言」**を行い本格的に進撃。国民政府の支配地域は、長江《ちょうこう》以南全域に拡大します。

B 横暴な共産党員を大粛清して国共分離

実は共産党員を警戒していた蒋介石 共産党員を弾圧して2党はバラバラに

北伐完了までの進路 ※一部省略

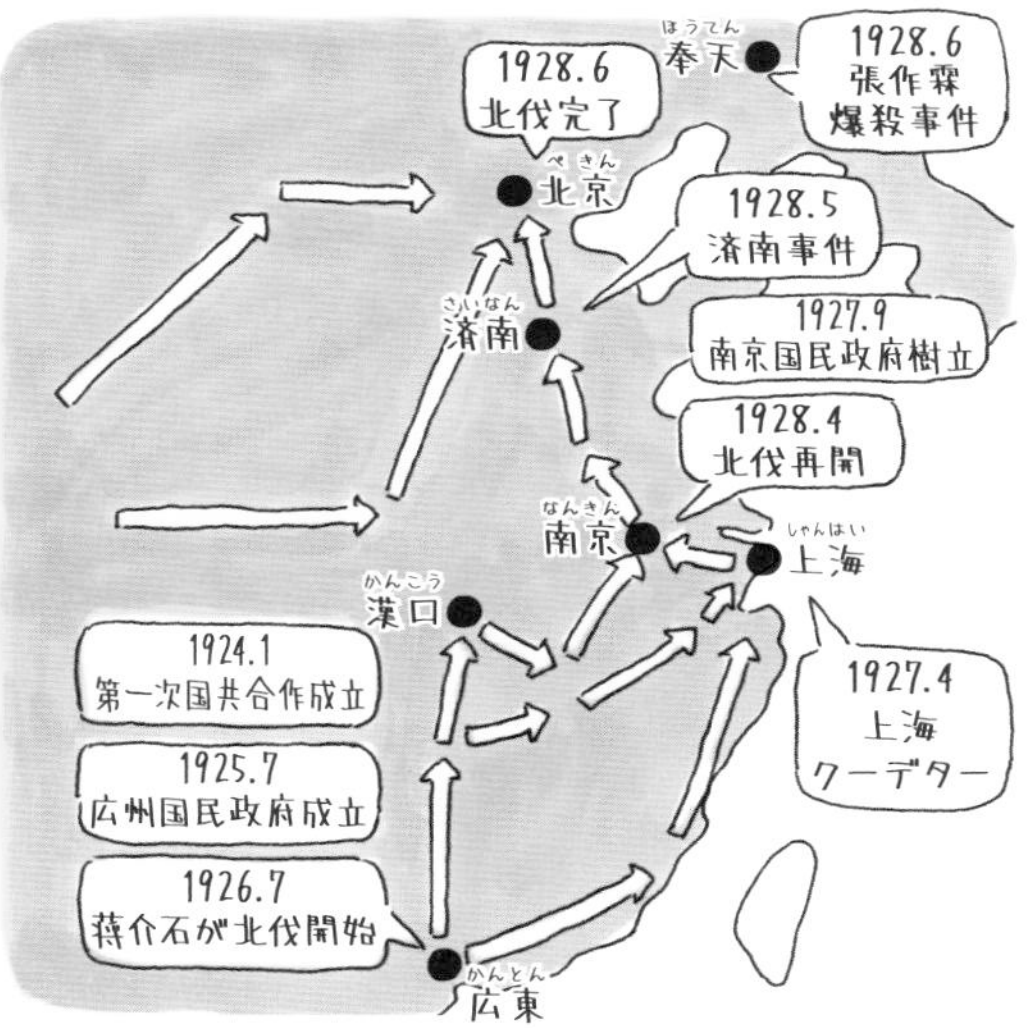

蒋介石率いる北伐軍は各地の軍閥を次々と破り、1927年3月に**南京を占領**。2党の協力による北伐は順調に思えました。

しかし、ソ連の支援を受けた共産党員たちは次第に勢力を拡大。日本やイギリスなどの外国人居留地で略奪・暴行事件を引き起こしたため、列強は蒋介石に、共産党やソ連と手を切るよう迫ります。

実は蒋介石は、孫文の存命中からすでに共産党を警戒していました。1927年4月、蒋介石は**反蒋介石運動**を展開していた上海《しゃんはい》の労働者・市民を大虐殺。120人の労働者が殺され、武装組織からは武器が押収されました（**上海クーデター**）。

共産党員に対するクーデターは広東《かんとん》・北京にも広がり、共産党員は散り散りになって各地へ逃亡。ここに第一次国共合作は完全に崩壊しました（**国共分離**）。

C 蒋介石が全国統一、共産党は自国建国

南京国民政府を樹立した蒋介石 執念で全国統一を果たす

その頃、湖北《こほく》省の武漢《ぶかん》に移っていた国民政府は、上海クーデターのことを聞き**蒋介石の党籍を剥奪**。しかし蒋介石は、独自に**「南京《なんきん》国民政府」**を樹立して共産党員を弾圧し続け、英米と結んで勢力を強めました。結局、武漢政府も南京に合流し、国民政府は北伐を再開。1928年に**北京政府を打倒**し、**国民政府による全国統一**を成功させます。

共産党員も武装蜂起して抵抗しましたが、国民党軍に大敗。毛沢東《もうたくとう》ら共産党のトップは江西《こうせい》省と湖《こ》南《なん》省の境にある山岳地帯にこもり、**紅《こう》軍**（↓99頁）を組織します。紅軍は次第に勢力を強め、1930年には蒋介石による政府軍との闘いに勝ちました。

蒋介石も本気で紅軍を潰そうとしますが、軍閥の反乱や満洲《まんしゅう》事変の勃発により、やむなく南京へ帰還。1931年、共産党は**「中華ソビエト共和国」**を打ち立て、毛沢東は政府主席に就任します。

もっと知りたい 北伐

Key word

統一政府の目の上のたんこぶ「軍閥」とは？

各地方の軍人による派閥勢力。李鴻章《りこうしょう》（→ 68 頁）が地元で私的に設立し、兵を集めて訓練・組織化した「淮《わい》軍」をはじめ、各地方にはさまざまな軍閥が割拠していました。その後、淮軍の流れをくんでできた最大の勢力を「北洋軍閥」と呼びます。また、1916 年の袁世凱《えんせいがい》（→ 69 頁）の死から、1928 年の蒋介石による北伐完了（全国統一）まで、軍閥同士での内戦が続いた時期を「軍閥時代」といいます。

Key person

奉天派の総帥「張作霖」とは？

遼寧《りょうねい》省出身の政治家。日露戦争の際には、日露両国のスパイを務めたといわれます。関東軍（→ 93 頁）の支援のもと軍閥指導者として君臨しましたが、米英や日本の支持を失ったため、1928 年に乗っていた列車ごと爆破されました（張作霖爆殺事件）。息子の1人に張学良《ちょうがくりょう》（→ 99 頁）がいます。

Key word

共産党員のユートピア !?「中華ソビエト共和国」とは？

1931 年 11 月、中国共産党が江西省に樹立した政権。主席は毛沢東、副主席は紅軍（→ 99 頁）の総司令を務めた朱徳《しゅとく》などです。土地法、労働法など独自のルールを制定し、支持と支配区を広げて一大勢力を築きました。しかし、蒋介石ら国民党の猛攻にあった結果、紅軍が長征（→ 96 頁）を始めた 1934 年に事実上消滅しました。

History No. **12**

満洲事変は日本のひとり芝居だった!?

公式で理解!

A 調子にのった日本 + B 世界の介入 + C 日本の暴走

北伐が完了し、国内が落ち着いたと思ったのも束の間。
大不況に背中を押された日本が中国への勢力拡大を始めます。

1932年3月
満洲国建国

日本……
やりすぎでしょ!?

1931年
A
調子にのった日本により柳条湖事件勃発

1929年
世界恐慌

11 北伐

世界的な大不況により、中国への勢力拡大の意見が強まった日本。足がかりを得るため、満《まん》洲《しゅう》の鉄道を爆破します。

柳条《りゅうじょう》湖《こ》事件の真相を探るため、国際連盟はリットン調査団を派遣。満洲国建国のための日本の自演行為と暴きます。

1932年3月

B リットン調査団を通じて世界が介入

日本の計略を見抜いて！

1933年

C 日本の暴走!!「国際連盟」から脱退

満洲国を認めない国際連盟に業を煮やした日本。連盟を脱退した勢いで、満洲国の執政として溥《ふ》儀《ぎ》を擁立します。

A 調子にのった日本により柳条湖事件勃発

世界恐慌が日本を凶行に走らせた!? 関東軍の暴走がスタート

１９２９年、**世界恐慌**により世界各国の経済が悪化。日本も不景気になり、生活に困った多くの労働者や農民が**ストライキ**を決行します。日本軍は国民の不満を解消するためにも、「中国で大日本帝国の権益を広げるべき」と主張し始めます。

中国国内で国民党と共産党がトップをめぐって争っていた１９３０年頃、日清戦争・日露戦争に勝ち勢いにのる日本は、**「関東軍」**と呼ばれる陸軍の部隊を中国東北地方に置きました。

そして１９３１年、勢力拡大の気運に押された関東軍がついに動き出します。関東軍は武力を行使するきっかけを作るために、中国軍のしわざに見せかけて**満洲の鉄道を爆破**したのです（**柳条湖事件**）。

この事件を口実に関東軍に攻撃された中国は、約5ヵ月という短期間に、中国北東部の**満洲**を**日本**にすべて**占領**されることになります。

B リットン調査団を通じて世界が介入

“リットンは見た！”「満洲国」と柳条湖事件の真実

1932年、中国の占領を不当ととられないように、日本は清《しん》朝最後の皇帝・**宣統《せんとう》帝溥儀《ふぎ》**をトップにした独立国家**「満洲国」**を作ります。しかし、その実情は、日本の関東軍がすべてを取りしきる植民地（傀儡《かいらい》国）でした。

一方その頃、中国は関東軍にあえて反撃しないことで、日本が悪者だと世界にアピールしようとしていました。日本を含む列強が参加する**「国際連盟」**の力を借りて、満洲から日本を追い出してもらおうとしたのです。国際連盟は満洲に、イギリス人のリットン卿をリーダーにした**「リットン調査団」**を送ります。柳条湖事件は日本の自作自演との報告をもとに、1933年2月に国際連盟は中国と日本を仲直りさせる案を出しました。しかし、世界から満洲国を認めてもらおうとする日本の期待に沿う内容ではなかったため、**日本は受け入れません**でした。

C 日本の暴走!!「国際連盟」から脱退

中国軍もゲリラも止められない関東軍 停戦協定後、満洲国は日本のものに

日本は、国際連盟が満洲国を認めなかったばかりか、**撤退まで進言**してきたことが不満でした。

そこで、1933年3月に**国際連盟から脱退**を発表。その頃には中国各地の軍隊やゲリラが関東軍を迎えうつようになりますが、**勝ち進む関東軍**の勢いを止めることはできませんでした。また、外敵を倒すよりも国内の安定、つまり共産党の排除を優先させる蒋介石《しょうかいせき》の方針も手伝って、中国はあっという間に満洲の各都市を占領されたのです。

1933年5月、中国は河北《かほく》省で「**塘沽《たんぐー》停戦協定**」を日本と結びました。この協定により中国は完全に満洲を失い、日本軍は満洲での軍事行動を停止しました。

1931年の柳条湖事件から塘沽停戦協定までの満洲をめぐる争いは「**満洲事変**」と呼ばれ、後の**日中戦争の呼び水**となりました。

もっと知りたい 満洲事変

Key word

当時幅をきかせていた
「関東軍」とは？

大日本帝国陸軍の部隊。1919年に「関東軍司令部」が設置されたのと同時に政治機構から切り離され、中国東北地方（満洲）に駐屯して「南満洲鉄道株式会社（満鉄）」の警備にあたっていました。しかし、参謀・石原莞爾《かんじ》のもと次第に独裁的権限を持つように。当時の日本政府は「不拡大方針」をとったものの、関東軍の暴走を阻止することはできませんでした。

Key person

“ラストエンペラー”
「宣統帝溥儀」とは？

清朝最後の皇帝。2歳で皇帝に即位し、当時の元号から「宣《せん》統《とう》帝」と呼ばれました。辛亥《しんがい》革命後は紫《し》禁城《きんじょう》（→55頁）に住んでいましたが、1924年に迫られて天津《てんしん》に移り、日本公館の庇護下に。関東軍と結んで満洲国の執政、次いで皇帝に就任。太平洋戦争における日本の敗戦&満洲国の崩壊と共に退位しました。

Key word

“国連”と略すのはNG!
「国際連盟」とは？

1920年、ヴェルサイユ条約（→75頁）の発行と同時に発足した史上初の国際平和機構。各国間の協調を推進するなどの役割を果たしましたが、アメリカの不参加、ドイツとソ連の途中参入、日本・ドイツ・イタリアの脱退などの理由から、第二次世界大戦中は機能を停止していました。この理念を引き継ぎ、1945年に51ヵ国の加盟国により設立されたのが、通常“国連”と略される「国際連合」なのです。

History No. 13

日中戦争では地の利を活かした中国が戦略勝ち

公式で理解！

A 攻める蒋介石 × B ドサクサ × C 持久戦

日清戦争、二十一カ条要求、満洲《まんしゅう》事変と、
日本に押されてきた中国。日中戦争でいよいよ立場が逆転します。

1936年

国共でケンカしてる場合じゃない！

西安事件

1934年

A

蒋介石の猛攻で紅軍が長征開始

国内を安定させるために、蒋介石《しょうかいせき》がまず行ったのは共産党の駆逐。共産党の紅軍《こうぐん》はたまらず大移動を開始します。

西安《せいあん》事件により協力の必要性を感じた国共。盧溝橋《ろこうきょう》事件が日中戦争に発展する中で、2度目の合作が実現します。

1937年7月

B

盧溝橋事件のドサクサが発展して日中戦争勃発

1937年
9月

第二次国共合作成立

1941年

C

粘り強い中国持久戦に持ち込み太平洋戦争に発展

国共が注目したのは自国の土地の広大さ。抗日民族統一戦線を結成し、持久戦に持ち込み日本軍を翻弄しました。

A 蒋介石の猛攻で紅軍が長征開始

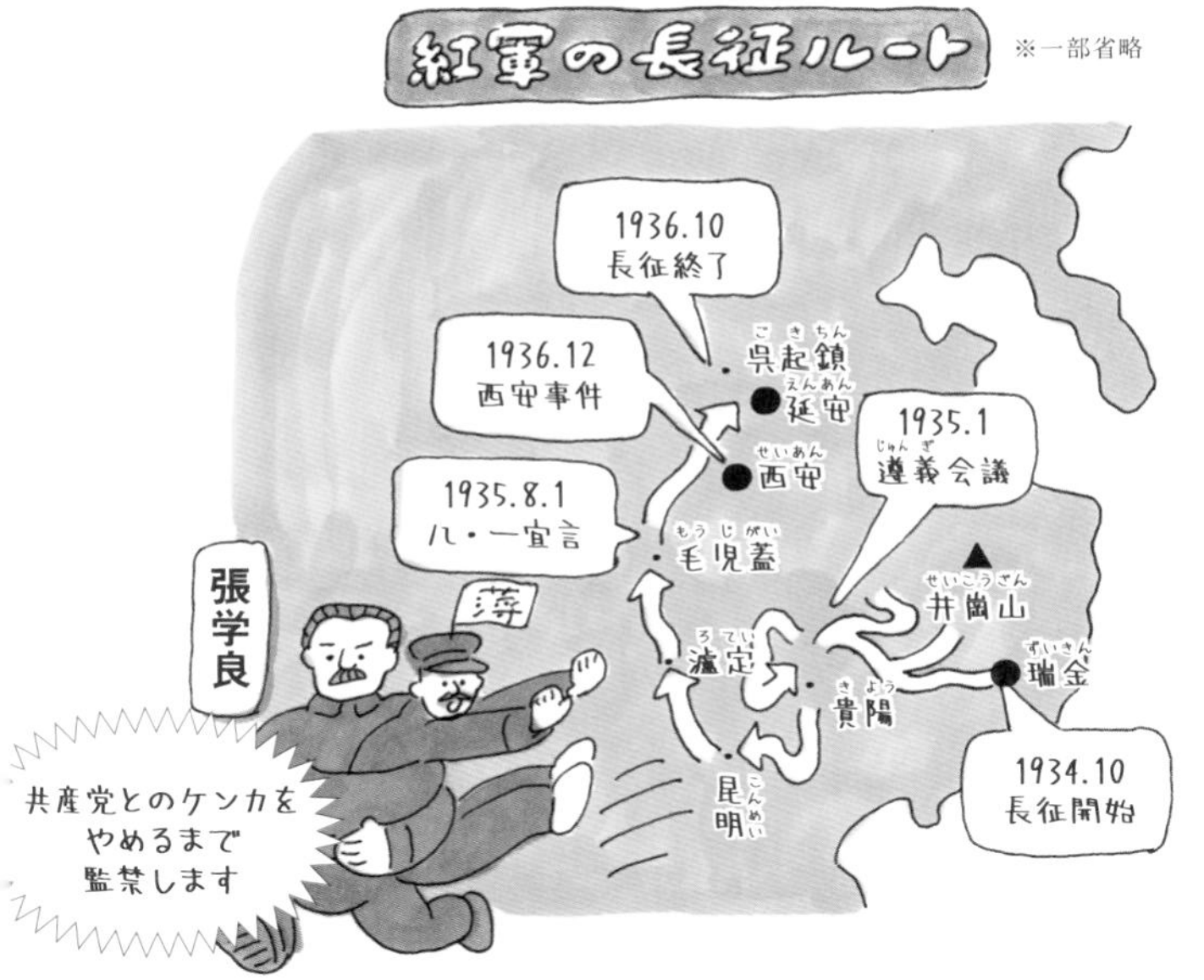

外国と戦う前に共産党の打倒が優先！……でも、本当にそれでいいの？

蒋介石をトップとする**南京《なんきん》の国民政府**は、侵攻してくる日本と戦う前に、まず国内の敵である共産党に勝たなければいけないと考えて、**共産党への攻撃**を続けました。

１９３４年、猛攻に耐えきれなくなった共産党の軍隊**「紅《こう》軍」**は、国民政府の攻撃から逃げるためにそれまでいた江西《こうせい》省の**瑞金《ずいきん》**を出発。国民政府と戦いながら約1年かけて移動し、辿り着いた陝西《せんせい》省の**延安《えんあん》**を共産党の新たな本拠地に。この約1万２５００kmにわたる戦いの旅を**「長征《ちょうせい》」**といいます。

一方その頃、国民政府の東北軍のリーダーだった**張《ちょう》学良《がくりょう》**は、共産党を短期間で打破することはできないと考え始めていました。そこで１９３６年、陝西省の西安にやってきた**蒋介石を拉致・監禁**。日本と戦うために、共産党との戦いを止めさせるように求めました。これを**「西安事件」**といいます。

B 盧溝橋事件のドサクサが発展して日中戦争勃発

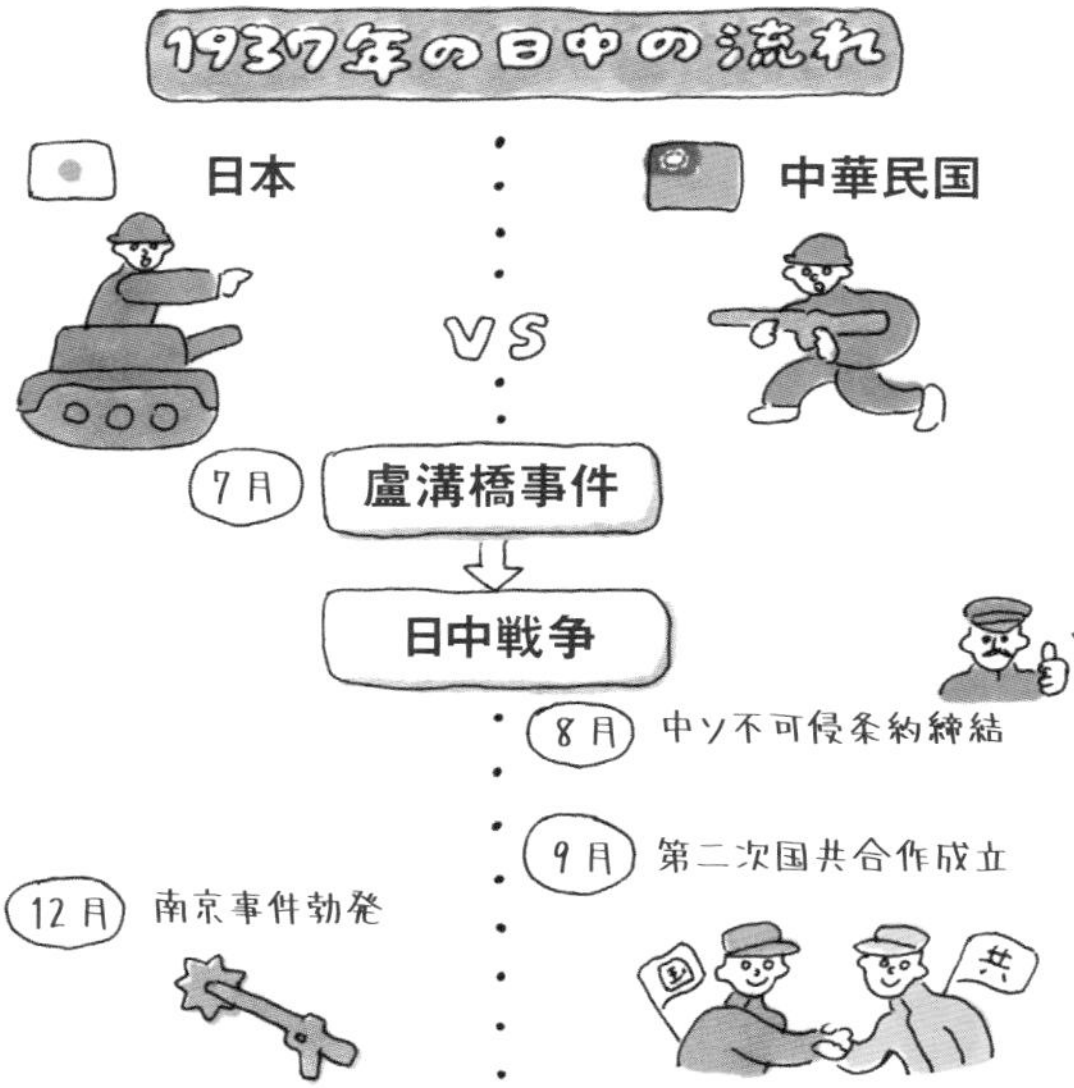

盧溝橋事件が日中戦争に発展 日本と戦うために2度目の国共合作

西安事件をきっかけに、中国では2党で**団結して日本と戦おう**という声が高まりました。

そんな中、1937年7月に北京南西郊外にある盧溝橋《ろこうきょう》付近で日本軍と国民政府軍が撃ち合いになる「**盧溝橋事件**」が発生。これを機に日本軍の攻撃が始まり、そのまま「**日中戦争**」になだれこみます。

蒋介石は、国内の戦いを一旦止めて共産党と手を組み、共に日本と戦うことを決意。同年にソ連との間に「**中ソ不可侵条約**」を結んだことも、蒋介石を後押ししました。こうして国民政府軍に共産党軍が編入され、「**第二次国共合作**」が実現しました。

その間にも日本軍は侵攻を進め、国民政府の首都・南京に迫ると、12月には攻め落としてしまいます。その際には一般市民も多く殺されたといわれています（**南京事件** ※諸説あり）。

14 中華人民共和国の誕生へ

C 粘り強い中国　持久戦に持ち込み太平洋戦争に発展

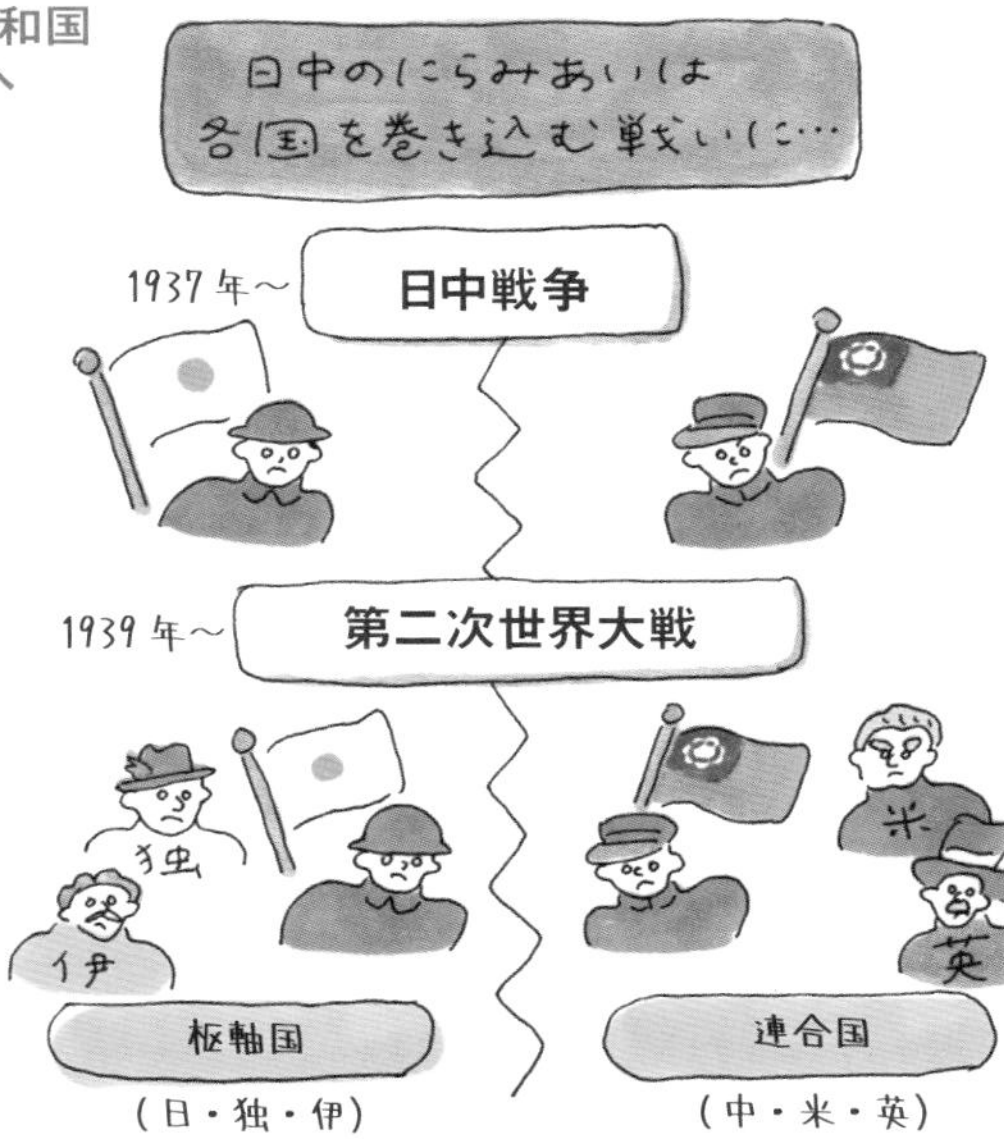

国共合作による抗日民族統一戦線がタフさで日本を押し返し長期戦へ

国民党と共産党は「**抗日民族統一戦線**」を結成し、それぞれ日本と戦いました。

蒋介石が率いる国民政府は南京を失ったために、中国の中央に位置する**重慶**《じゅうけい》へ移動。毛沢東《もうたくとう》が率いる共産党は陝西《せんせい》省の**延安**《えんあん》を拠点に、粘り強く戦いを続けます。たとえ都市が陥落しても、広い中国なら奥地に逃げこんで持久戦を続ければ、日本軍は疲れると考えたのです。実際、想像以上の長期戦を強いられた日本軍は消耗していきました。

一方ヨーロッパでは、1939年9月にドイツがポーランドに侵攻し、**第二次世界大戦**が始まります。1941年12月には、中国との戦いのかたわら、日本が真珠湾を攻撃してアメリカに宣戦布告し、「**太平洋戦争**」が勃発。中国は**イギリス**、**アメリカ**などの**連合国軍**に加わり、日本、ドイツ、イタリアから成る枢軸《すうじく》国軍に宣戦布告しました。

もっと知りたい 日中戦争

Key word

人民解放軍の前身
「紅軍」とは？

1927年に中国共産党が組織した「中国労農紅軍」の通称。もともとは農村や辺境の地を拠点にした農民の武装集団でしたが、毛沢東の指導でマルクス主義を学習。厳しい規律のもと、統制された組織に成長して勢力を拡大し、一時期は総兵力1万人を超えました。蒋介石軍の圧迫を受けて長征を開始し、日本軍とも衝突。国民政府との内戦が再び始まると、「人民解放軍」に改称して現在に至ります。

Key person

中華民国に生涯を捧げた張作霖の息子
「張学良」とは？

遼寧《りょうねい》省出身の軍人、政治家。父の張作霖《ちょうさくりん》（→87頁）が、それまで支持を得ていた関東軍の策略により爆殺されたことなどを憎んで、南京国民政府への帰属を表明。中国は統一されるべきとの姿勢を明らかにし、西安事件を起こして国共合作を実現させました。戦後は台湾で軟禁状態で暮らし、2001年に100歳で亡くなりました。

Key word

国共の協力の証
「抗日民族統一戦線」とは？

労働者、農民などの身分や所属する党にかかわらず、中国全体で一致団結して日本に対抗しようとする戦略。1935年8月1日、日本の脅威を警戒した毛沢東は「八《はち》・一《いち》宣言」を行い2党で協力して抗日しようと申し出ましたが、蒋介石は応じませんでした。その後、西安事件を経て1937年に第二次国共合作が成立したことで統一戦線が実現。終戦後に2党の内戦が再開したことで事実上の解散となりました。

History No. 14

中華人民共和国の誕生

それは共産党の天下の始まり

公式で理解！

A ケンカ再開 + B 人気逆転 = C 2つの“中国”

日本を退けたことで、中国の対外的な問題は一旦落ち着きました。
それを待っていたかのように国内が再びざわめき始めます。

1945年8月

太平洋戦争終結

1946年

A

抗日戦争で止めていた国共内戦、再開

日本との戦争が終わり、国民党と共産党は再びにらみ合う関係に。アメリカの仲介もむなしく、内戦が再開します。

共産党を優勢に導いたのは土地を公平に分配する「土地改革」。農民の心をつかんだ共産党は勢力を伸ばします。

1946～1947年

B 土地改革を打ち出した共産党人気度で国民党を逆転

1949年10月1日

C 毛沢東が中華人民共和国を建国、中華民国は台湾で存続

毛沢東《もうたくとう》率いる共産党が北京で中華人民共和国の建国を宣言。敗北した蒋介石《しょうかいせき》ら国民党は、台湾に逃亡します。

A 抗日戦争で止めていた国共内戦、再開

共通の敵がいなくなった2党 開戦以前の関係に逆戻り

1945年、**日本が連合国に降伏**したことで、太平洋戦争は**中国の勝利**に終わりました。共通の敵がいなくなった**国民党と共産党**は、**再び対立**することに。ところが、国民党を支持する**アメリカ**、共産党を支持する**ソ連**のどちらも、2党の内戦再開を望んでいませんでした。

そこでアメリカの軍人・**マーシャル**が仲介役になり、国民党と共産党に民主的に中国を治める方法を提案し、**不戦に合意**させました。しかし、もともと考え方が違う2党は足並みが揃いません。

共産党は戦争中にも**各地に勢力圏を広げて**おり、日本軍が撤退した東北地方（満洲《まんしゅう》）にもいち早く乗りこんで共産党のものとします。一方、**中国の正統な政権だと自任**する国民党は、共産党に不満を募らせました。そして、1946年に国民党と共産党の戦いが再開します**（国共内戦）**。

B

土地改革を打ち出した共産党人気度で国民党を逆転

現在につながる共産党政権の成立 そのきっかけは「土地改革」

国共内戦は当初、**兵力で勝る国民党**のほうが有利なはずでした。しかし、1946年5月に**共産党**は**「五《ご》・四《し》指示」**から始まる**「土地改革」政策**を打ち出しており、不利な立場から挽回。地主から土地を取り上げて、農民たちが自分の土地を持てるようにしたことで、共産党は多くの貧しい人々を味方につけていきます。共産党軍は名前を**「人民解放軍」**と改め、その勢力を伸ばしていきました。

さらに共産党は、ソ連の応援で武器を手に入れて、国民党をどんどん圧倒していきます。この頃には、共産党も**「国民党を倒して自分たちの政権を作る」**というはっきりとした目標を持つようになっていました。

一方、経済の立て直しに失敗した国民党の人気はダウン。士気が低下した国民党から、共産党に寝返る地方の軍隊も出てくるようになりました。

C 毛沢東が中華人民共和国を建国、中華民国は台湾で存続

共産党が産んだ大陸の中華人民共和国 国民党が維持する台湾の中華民国

北方で勢力を伸ばした人民解放軍は、各地で勝利を収めて南下。1949年4月には、国民党の本拠地だった**南京《なんきん》を占領**しました。そして、10月1日に北京《ぺきん》の天安門で**「中華人民共和国」**の誕生が宣言されます。国家主席には共産党を率いていた**毛沢東**が、首相にあたる職には**周恩来**（↓107頁）が就任し、中華人民共和国はソ連と同じ社会主義の国として歩み始めました。

一方、共産党に負けた国民党を率いる蒋介石は、**台湾へ逃亡**します。下関条約（↓48頁）締結以降、台湾は日本の植民地でしたが、**終戦と同時に中国に返還**されていました。蒋介石は台湾に政権を移して、中華民国を存続させようとしたのです。**中華人民共和国が中国大陸**、**中華民国が台湾**を治めながら、互いに正統性を主張する歴史は続き、対立は現在も激しくなっています**（二つの中国）**（↓164頁）。

もっと知りたい 中華人民共和国の誕生

Key person

「マーシャル・プラン」で知られる「マーシャル」とは？

アメリカ合衆国の軍人。第二次世界大戦時には、陸軍参謀長として活躍しました。ルーズベルト、トルーマンら大統領への助言などで手腕を発揮し、元帥まで昇進。戦後は「マーシャル・プラン」でヨーロッパを復興させた功績により、1953 年にノーベル平和賞に輝きました。

Key word

土地改革の第一歩「五・四指示」とは？

1946 年 5 月 4 日に共産党が出した、「清算、減租および土地問題に関する指示」のこと。日本に協力した裏切り者や、悪徳地主の土地を没収して農民に分け与えるという内容で、土地改革の第一歩となりました。当時の中国では、地主に雇われて働く貧しい農民が人口のほとんどを占めていました。国民党よりも劣勢だった共産党は、農民たちの支持を得て立場を挽回しようとしたのです。

Key word

現在も注目の的「台湾」とは？

台北《たいぺい》を首都とする地域。19 世紀の段階では清《しん》朝の領地でしたが、下関条約によって日本の統治下に。1945 年、太平洋戦争の日本の敗戦により中国に返還されました。1949 年に中華人民共和国（中国）が成立すると、蒋介石ら中華民国が台湾に逃亡し再始動。中国側は台湾を自国の一部だと主張し、一方で中華民国側は台湾を自立した国家だと主張する「台湾問題」は、今も解決していません（→ 164 頁）。

COLUMN 2

近現代の中国を支えた10人の傑物 PART 2

PART 1に続いて、中華民国のジャーナリスト・梁啓超から、今の中華人民共和国に発展をもたらした鄧小平まで、5名をセレクト。

PART 1は→68頁

梁啓超《りょうけいちょう》

「国家」「国民」の意識を芽生えさせた中国版福沢諭吉

広東《かんとん》省出身の政治家、ジャーナリスト、歴史学者。戊戌《ぼじゅつ》の変法に失敗し、師の康有為《こうゆうい》と共に日本に亡命。日本で『清議報』『新民叢《しんみんそう》報《ほう》』を発刊して、中国国民に近代化を啓蒙しました。帰国後は閣僚を歴任。

義和団事件 P50　各省の独立 P56

1873～1929年

蒋介石《しょうかいせき》

1887～1975年

国民政府による初の全国統一を果たした中華民国の大元帥

浙江《せっこう》省出身の政治家、軍人。黄埔《こうほ》軍官学校の校長を務め、孫文《そんぶん》（→69頁）の後継者として北伐を完遂して中国を統一。内戦に敗れた1949年に台湾に拠点を移し、経済を発展させた一方で、民衆の弾圧にも関与しました。

北伐 P82　満洲事変 P88
日中戦争 P94
中華人民共和国の誕生 P100

毛沢東《もうたくとう》

中華人民共和国建国のカリスマにして独裁的な共産党のリーダー

1893～1976年

湖南《こなん》省出身の政治家、思想家。『共産党宣言』に感銘を受け、大衆運動による革命を決意。中華人民共和国を建国し、朝鮮戦争、大躍進運動、文化大革命で多くの犠牲者を出しながらも、最高指導者として君臨し続けました。

第一次国共合作 P76
北伐 P82
日中戦争 P94
中華人民共和国の誕生 P100
大躍進運動 P114

周恩来《しゅうおんらい》

日本を含む諸外国と中国との橋渡しに貢献した中華人民共和国初代首相

1898～1976年

江蘇《こうそ》省出身の政治家。毛沢東の右腕として共産党を支え、中華人民共和国建国以降は死ぬまで首相として活躍。外務大臣を兼任し、第三世界とのつながりの強化、日中共同声明への調印など、外交政策を進めました。

中華人民共和国の誕生 P100
朝鮮戦争 P108
大躍進運動 P114

鄧小平《とうしょうへい》

失脚・復活を繰り返し現代中国の基盤を築いた“小さな巨人”

1904～1997年

四川《しせん》省出身の政治家。2度の失脚を経て、毛沢東の死後に復権。改革開放路線を打ち出して資本主義を取り入れたほか、米中国交正常化、一人っ子政策の導入など、大胆な発想で現代中国の発展に尽くしました。

大躍進運動 P114
改革開放 P120

History No. **15**

朝鮮戦争は現在も北朝鮮-韓国間に影を落とし続ける

公式で理解！

A 冷戦タッグ ＋ B 北緯 38 度 ＋ C にらみ合い

国共の紛争中、世界は米ソ冷戦という一大事に揺れていました。その後中国も巻き込まれ、朝鮮半島が戦いの舞台となりました。

1945 年

米ソ冷戦の始まり

1948 年

韓国&北朝鮮が独立

1950 年 2 月

A

冷戦の影響で中国&ソ連 中華民国&米のタッグ成立

当時冷戦で世界を二分していたのが米ソ。中華人民共和国はソ連、中華民国はアメリカと手を組み、対峙します。

北緯38度線から北側の北朝鮮（中華人民共和国&ソ連）、南側の韓国（中華民国&アメリカ）間で戦争が勃発。

1950年6月

B

北緯38度を境に朝鮮戦争勃発

1953年

C

休戦協定、しかし現在までにらみ合いは続く……

朝鮮戦争は、北緯38度線付近の板門店《はんもんてん》で膠着。南北双方が統一を望んだために、現在まで対立が続くことに。

A

冷戦の影響で中国&ソ連 中華民国&米のタッグ成立

社会主義国とつながる中華人民共和国 アメリカがバックについた中華民国

中国大陸を統治することになった中華人民共和国。中華民国（台湾）との関係を断った国とだけ交際することにし、ソ連をはじめとする**社会主義**の国々と国交を樹立しました。当時は**資本主義のアメリカ**と、**社会主義のソ連**が対立して世界を二分しており（米ソ冷戦）、中華人民共和国がソ連側につくのは当然の流れでした。ソ連は中国共産党と同じ価値観を持つ**共産党が率いる国**で、敵の中華民国はアメリカと仲が良かったからです。1950年2月、中華人民共和国はソ連と**「中ソ友好同盟相互援助条約」**を結び、関係を深めました。

一方、中華民国はアメリカの反対を押しきって国共内戦を始めたため、アメリカとの関係はしばらく冷えきっていました。しかし、ソ連と結託する中華人民共和国ができたことで、**危機感を募らせたアメリカは中華民国を支援**することになります。

B 北緯38度を境に朝鮮戦争勃発

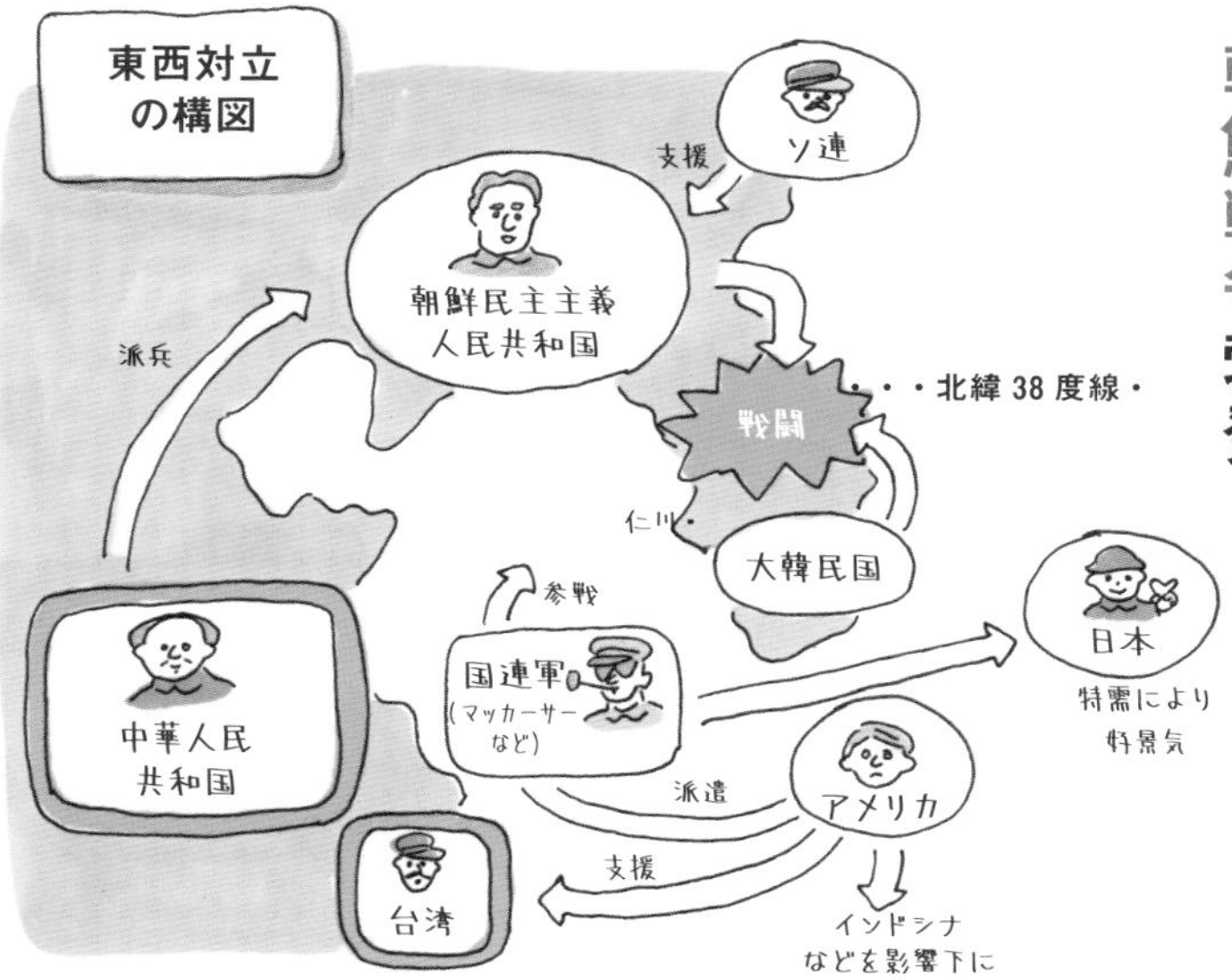

独立した韓国と北朝鮮 喜ぶ間もなく朝鮮戦争の舞台に

その頃、日本の支配から解放された朝鮮半島は、北緯38度線を境に南側をアメリカが、北側をソ連が占領していました。1948年、南側が「大韓民国（韓国）」、北側が「朝鮮民主主義人民共和国（北朝鮮）」として独立。どちらも朝鮮半島すべてが自分たちの領土だと主張しました。

1950年6月、この2国が争う「朝鮮戦争」が起きます。ソ連と中国（中華人民共和国）は北朝鮮を、アメリカをはじめとする国連軍は韓国を支援。アメリカは台湾海峡にも軍隊を送り、台湾（中華民国）を守る態度もはっきり示しました。

一方、中国はボランティアの軍隊という意味の「中国人民義勇軍」を北朝鮮に送ります。「義勇（ボランティア）」とは名ばかりで、実際のところ正規の軍隊だった中国人民義勇軍は強く、北上してきた国連軍を北緯38度線まで押し戻しました。

C 休戦協定、しかし現在までにらみ合いは続く……

休戦後のいがみ合いのほうが長期間に 米ソの雪解けで中国の外交も方向転換

その後も北緯38度線付近で韓国と北朝鮮のにらみ合いが続き、1953年、3年にわたる朝鮮戦争を終わらせるために、境界付近にある**板門店**《はんもんてん》で**休戦協定**が結ばれました。

しかし、韓国も北朝鮮も自国主導の半島の統一を望んでいたため、南北の**和解自体は不成立**。現在まで**アメリカ軍は韓国に駐留**し続けています。さらに当時のアメリカは、日本、フィリピン、台湾のそれぞれの地域と**安全保障条約**を締結。周囲と手を組むことで、ソ連や中国ににらみをきかせようとしました。

一方ソ連では、スターリンの没後に**フルシチョフ**がトップに立ち、アメリカと対立ではなく共存するための外交を始めます（**雪解け**※）。中国も周恩来《しゅうおんらい》（→107頁）が活躍し、インドやインドネシアなど、第二次世界大戦後に独立した**アジア**、**アフリカ**の**「第三世界」**と呼ばれる国々との交流を深めました。

※雪解け…フルシチョフの「スターリン批判」以降、ソ連では民主的な政策へ転換。これにより米ソ間の対立が弱まったことを「雪解け」という。

もっと知りたい 朝鮮戦争

Key word

中ソの関係をバックアップした「中ソ友好同盟相互援助条約」とは？

中ソ間の軍事同盟。日本の軍事基地からアメリカが中国を攻撃すると想定して、ソ連が防衛にあたることや、3億ドルの経済援助などが盛り込まれていました。しかし、1950年代の中ソ対立で次第に関係が悪化。1972年にニクソン米大統領が訪中を実現させ、1979年1月に鄧小平《とうしょうへい》が歴史的な訪米に成功すると、4月には条約破棄がなされました。米中の関係改善が改革開放（→120頁）への道を拓いたのです。

Key person

平和共存路線転向の立役者「フルシチョフ」とは？

第二次世界大戦後のソ連の指導者。1956 年の第 20 回ソ連共産党党大会を皮切りに、スターリンを批判する報告をし（スターリン批判）、世界や各国の共産党に衝撃を与えました。毛沢東はスターリン批判に強く反発したため中ソ関係は悪化。また、フルシチョフに同調する実権派と毛沢東との間に対立を生じさせました。

Key word

新興国にも目を向けよう「第三世界」とは？

1974 年に中国共産党が提起した「三つの世界論」に基づく認識。世界は「第一世界」＝米ソ、「第二世界」＝西側先進国、「第三世界」＝中国含む発展途上国の、3つの政治経済的世界で成り立っており、共産党は第二・三世界が協力して第一世界に対抗するべきと考えていました。米ソに対抗したい当時の中国独自の考え方が反映されている可能性が高く、現在ではあまり強調されることはありません。

History No. **16**

大躍進運動が毛沢東を“裸の王様”に仕立てた⁉

公式で理解！

A ノリノリ共産党 ＋ B 大躍進失敗 ＋ C ドタバタ毛沢東

国民党を追い払い、怖いものなしの毛沢東《もうたくとう》と共産党。社会主義政策を進めた結果、毛沢東の独裁政治が始まります。

1956 年

フルシチョフによるスターリン批判

かつてのリーダーは間違っていた

1953 年

A

ノリノリの共産党、第1次5カ年計画で農工業強化

うまくいった！

共産党がまず着手したのは、農業の集団化と工業の国有化。計画は思惑通りに成功したかのようでしたが……。

共産党批判に耳をふさぎ、毛沢東は大躍進運動を継続。計画は大失敗し、大飢饉や自然破壊から国民が不満に。

1958年

B 大躍進運動のうち第2次5カ年計画は大失敗

1966年

C 文化大革命は“裸の王様”毛沢東のドタバタ復活劇

大躍進運動後は実権派がトップに。地位と自分の理念を諦められない毛沢東は、再起の機会をうかがっていました。

A ノリノリの共産党、第1次5カ年計画で農工業強化

ソ連にならった計画経済 まずは第1次5カ年計画で成功

1950年代、中国はソ連にならって、国が立てた計画に沿って経済を立て直す**「計画経済」**を推し進めます。

その一例が、ソ連の支援のもと、1953年に**周恩来**（→107頁）がリーダーとなって始まった**「第1次5カ年計画」**。農業を集団化し、工業を国有化するものです。農業では、**「※合作社《がっさく》」**という大きな単位の組織を作って（集団化）、国が管理するようにしました。工業も、国が資源を一手に集めて大工場を建設。これによって工業化が進んでいきます。

第1次5カ年計画の途中、ソ連の**フルシチョフ**が**「スターリンは独裁だった」**と批判し、平和政策に転換したことで共産党信仰が崩壊します。これに対し毛沢東は、200万人以上といわれる**共産党を批判する人々を弾圧**。共産党の独裁を維持しました。

※合作社…協同組合のようなもの。農業の場合は、それまでは個人が持っていた土地や農具などを、合作社が所有して集団化することで計画経済を推し進めた。

B

大躍進運動のうち第2次5カ年計画は大失敗

毛沢東には都合のいいことしか聞こえなかった

1958年、毛沢東は**農業・工業生産の大幅増を目指す「大躍進運動」**をスタート。その一環である「**第2次5カ年計画**」は、農工業の生産を大幅にアップさせ、重工業化を進める試みでした。まずは、第1次5カ年計画の際に作っていた合作社を、「**人民公社**」にバージョンアップ。人々は厳しい管理システムの中で、集団で農業や製鉄などの仕事をする生活を強いられたのです。ところが、農業も工業もおざなりな生産体制だったため、計画通りの成果は出せませんでした。それどころか、**何千万人もの餓死者を出す大失敗**となったのです。

それでも毛沢東は、途中まで大躍進運動がうまくいっていると信じていました。というのも、毛沢東を批判できない空気の中で、役人たちは計画の目標を達成したと**虚偽の報告**をしていたからです。こうして毛沢東は、裸の王様となっていきました。

C

文化大革命は〝裸の王様〟毛沢東のドタバタ復活劇

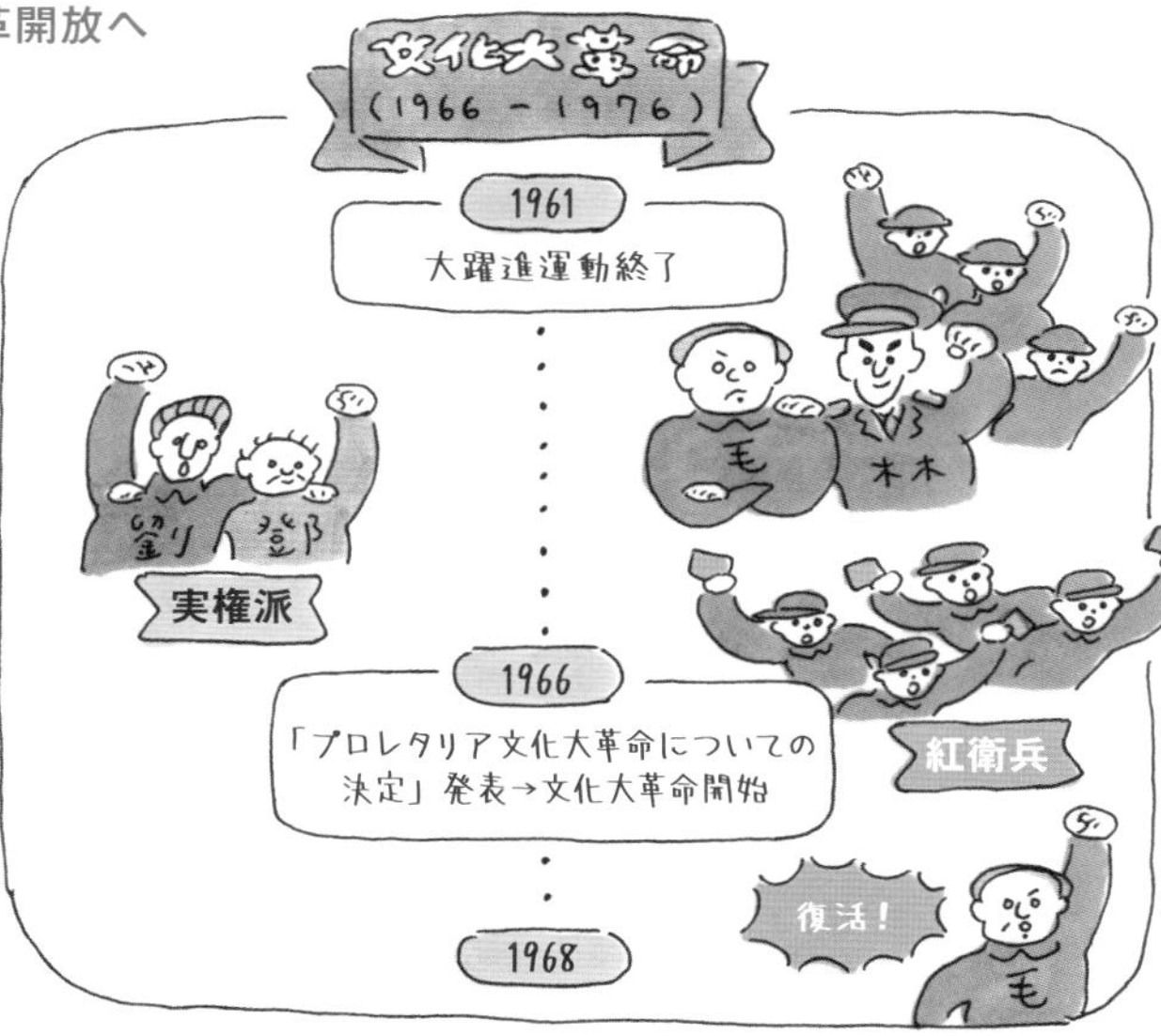

やっぱりトップに立ちたい毛沢東 学生に破壊活動をけしかけカムバック

1961年、大失敗した大躍進運動は終了。毛沢東は責任を取り、国家主席を退きました。代わってトップとなった**劉少奇、鄧小平**などの「**実権派**」は、資本主義のやり方を取り入れて経済を回復させようとしました。

1966年、鄧小平たちのやり方に不満を持った毛沢東が動き出します。純粋な若い学生たちを洗脳し、暴力と破壊によるクーデターを起こすように仕向けたのです。学生たちによる「**紅衛《こうえい》兵**」は、多くの人々を不当に殺したり、一方的な密告などでつるし上げたりし、社会は大混乱。また、毛沢東は部下の**林彪《りんぴょう》**を使って軍も動かしました。これらによって毛沢東は、劉少奇、鄧小平を引きずりおろし、権力を取り戻しました。

1976年まで、10年間にわたって多くの被害を生んだ一連の流れを「**文化大革命**」といいます。

もっと知りたい 大躍進運動

Key word

社会主義思想に基づく大規模組織「人民公社」とは？

第1次5カ年計画の際にできた「合作社」を発展させた農業組織。「公社」とは「コミューン」の意味で、行政組織と生産組織を一体化させた大規模な組織でした。原則として1つの地域に1社を設置。農業のほかに企業経営も行い、学校や医療機関、民兵の組織も持ち、自給自足の空間を目指しました。鄧小平時代の1982年、改革開放路線に転向したことで解体されました。

Key word

共産党に熱狂した学生による「紅衛兵」とは？

全国で運動を起こした学生組織。毛沢東と共産党を熱烈に支持し、「造反有理（謀反には道理がある）」を掲げて各地で激しい破壊活動を展開。有力者に対して「自己批判」を強い、多くの犠牲者が生まれました。その後、権力を回復した毛沢東は口実をつけて、統制がとれなくなっていた紅衛兵たちを左遷し、農業に従事させました（下放《かほう》）。

Key person

文化大革命で軍を動かした「林彪」とは？

湖北《こほく》省湖北出身の軍人。毛沢東の軍師として、文化大革命では軍を動かして劉少奇らの強硬手段を防ぎ、毛沢東の復権に貢献しました。毛沢東の後継者に指名されましたが、毛沢東が自身の地位を脅かされないよう画策。そこで林彪は毛沢東暗殺を試みますが失敗し、その直後に飛行機の墜落死を迎えたといわれています。

History No. **17**

改革開放が現代中国の基盤を形作った

公式で理解！

A 手堅い政策 ＝ B 自由 － C 民主化

国内を混乱に陥れた文化大革命は、毛沢東《もうたくとう》の死をもって終結。復権した鄧小平《とうしょうへい》は、現在まで続く発展を中国にもたらしました。

1978 ～ 1980 年頃

A

手堅い政策で味方を増やした鄧小平の時代が到来

1976 年

毛沢東死去で文化大革命終了

1973 年

鄧小平カムバック

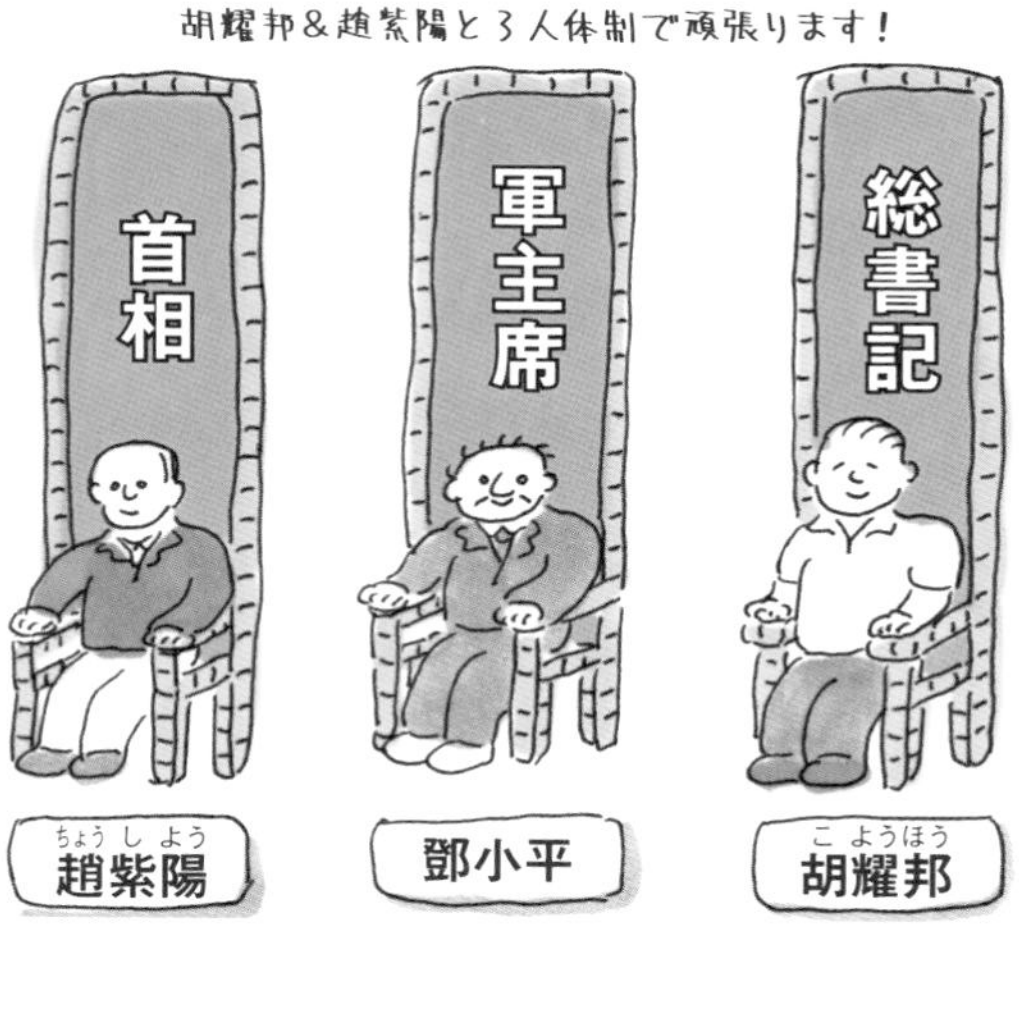

毛沢東の死後、後継者の華国鋒《かこくほう》を押しのけて鄧小平が政治の舞台に復帰。現実的な政策で民衆の支持を得ます。

鄧小平は「改革」と「開放」を同時に進める大胆な政策に着手。政治は共産党主導のまま、経済を自由化しました。

1978年

B

改革開放スタート! 土地も経済も自由に

1989年4月

胡耀邦が死去

1989年6月

C

民主化を求めるデモが天安門事件に

資本主義的経済で豊かになった中国。胡耀邦の死を契機に民衆が政治の民主化も求め、歴史的惨劇が起こります。

A 手堅い政策で味方を増やした鄧小平の時代が到来

文化大革命に疲れた国民にとって鄧小平の手堅さは何よりの魅力

1971年、毛沢東の後継者に指名されていた林《りん》彪《ぴょう》が、毛沢東を暗殺しようとして失敗。1973年、当時のナンバー2・周恩来《しゅうおんらい》の手助けで副首相に復帰した**鄧小平**は、文化大革命で混乱した社会を立て直すため、**中国の近代化**を目指します。

1976年に周恩来が死去。同年、**毛沢東が死去**したことで、**文化大革命は終わり**を告げました。とはいえ、次の国家主席となったのは、毛沢東の後継者だとアピールする**華国鋒**。華国鋒はそれまでの毛沢東の政策を引き継ぎます。一方、鄧小平は文化大革命で失脚した人々を復権させるなどを行い、味方を増やしていきます。

やがて、華国鋒に代わって実権を握った鄧小平が、1980年に**胡耀邦**を総書記に、**趙紫陽**を首相に据え、自らは軍主席となって政治を動かすことになりました。

B

改革開放スタート! 土地も経済も自由に

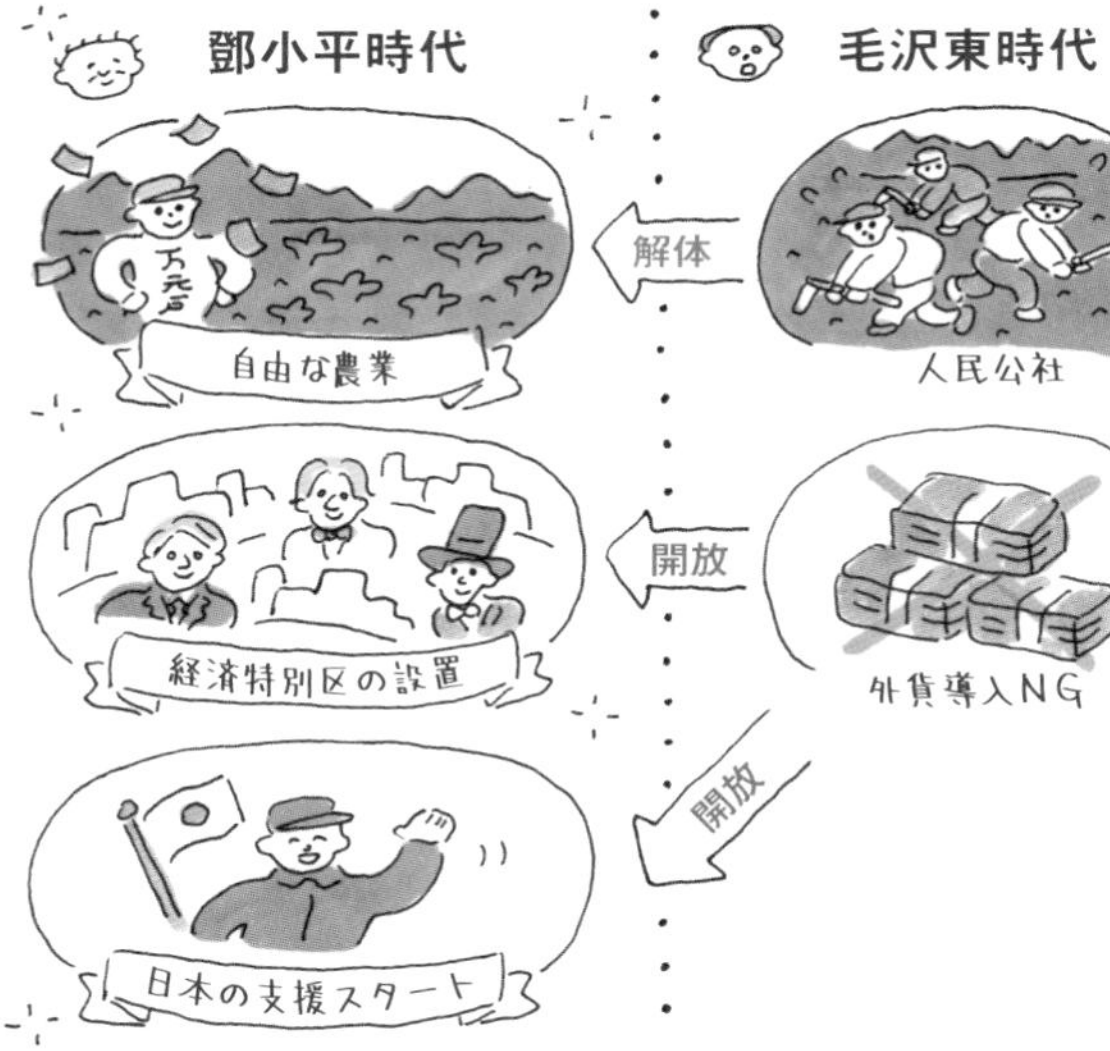

農業も経済も自由に! 急速に発展したが格差も生まれた

1978年、鄧小平は「**改革開放**」と呼ばれる政策を開始。毛沢東の時代に失敗に終わった**人民公社は解体**され、農民は自由に農業ができるようになったのです。生産性は上がり、「万元戸《まんげんこ》」と呼ばれる高収入の農家も現れるようになりました。

また、広東《かんとん》省の深圳《しんせん》、珠海《しゅかい》、汕頭《すわとう》、福建《ふっけん》省の厦門《あもい》に自由な経済活動ができる**経済特別区**を設置。外資の導入を認める「**対外開放政策**」の開始で海外の企業が進出したため、**投資が活発**になりました。

日本でも、改革開放を支援する「**政府開発援助(ODA)**」をスタート。1984年には天津《てんしん》、上海《しゃんはい》などの14都市が経済特別区と同じように解放され、中国の経済は活性化し、**高度経済成長**の時代に突入しました。中国は政治的には社会主義の体制のまま、経済活動は資本主義のような自由さを認めたことで豊かになっていったのです。

C 民主化を求めるデモが天安門事件に

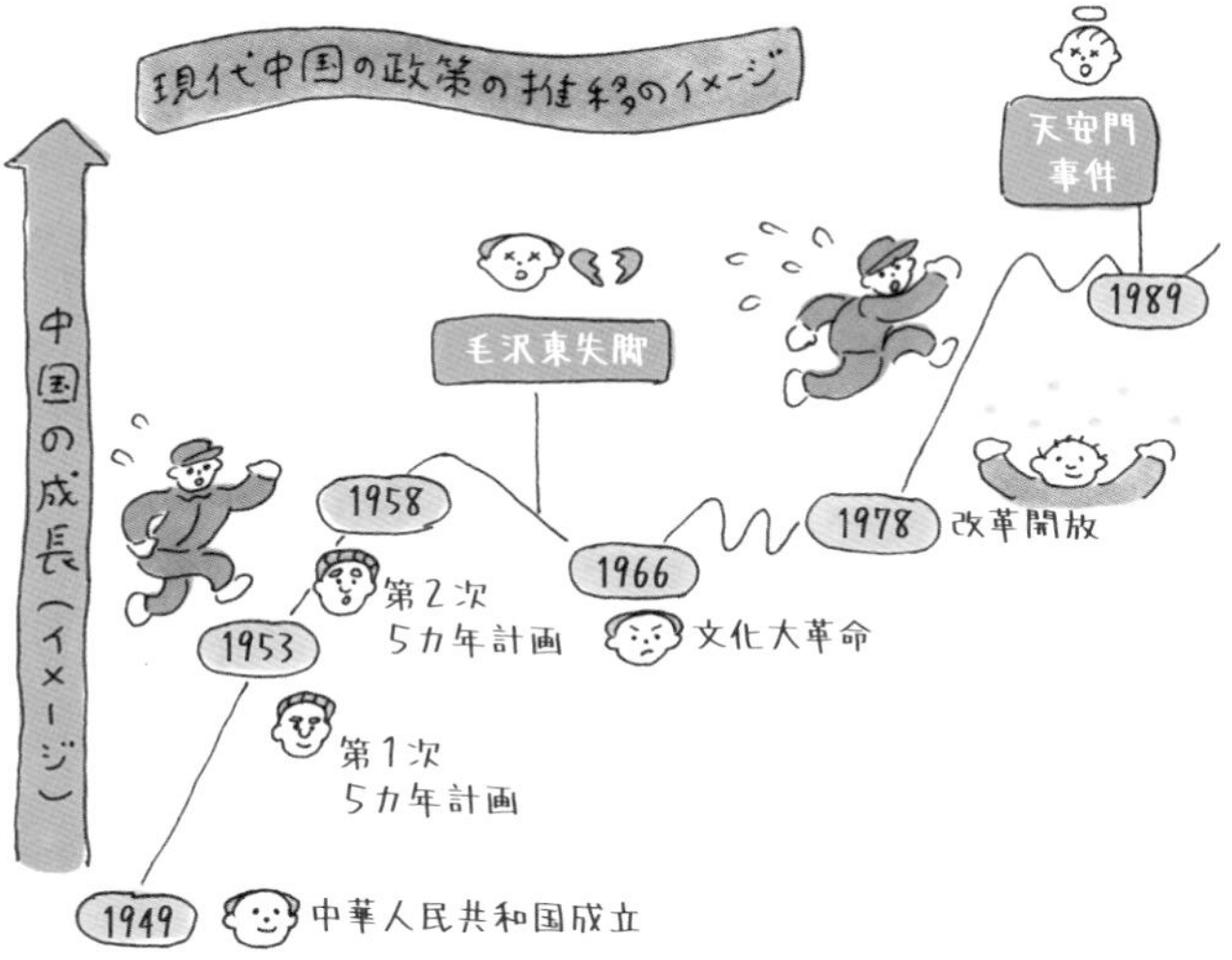

経済格差や共産党の一党独裁が招いた流血の大惨事

1980年代になると、改革開放で豊かになった人がいる一方、貧しいままの人もおり、**格差社会への不満**が溜まっていきます。また、国外から入ってきた自由な文化や思想にふれて民主主義に目覚めた学生たちが、**学生運動**を起こすように。これを受けて、共産党内でも改革への賛成・反対グループの対立が目立ってきました。

そんな中で起きたのが**天安門事件**です。1989年4月15日、民主的な改革に積極的だった胡耀邦が急死。その死を追悼する学生たちが天安門広場に集まり、**改革を求めてデモ**を始めました。運動はすぐに広がり、広場には100万人が集まります。学生たちを応援した趙紫陽は共産党内で地位を失い、鄧小平は強硬策を主張。6月4日、**軍が広場に突入**して学生たちを強制的に排除。死者319人、負傷者9000人が出る大事件となりました。

もっと知りたい 改革開放

Key person

毛沢東の後継者
「華国鋒」とは？

山西《さんせい》省出身の政治家。周恩来の死後に総理代行に就任し、ライバル・鄧小平の打ち出した経済政策を批判。毛沢東が亡くなると、①毛沢東の決定はすべて変えない、②毛沢東の指示にすべて従う、という「二つのすべて」の方針を提示。鄧小平の復権と同時期に政治の舞台から消えました。

Key person

天安門事件の引き金
「胡耀邦」とは？

湖南《こなん》省出身の政治家。鄧小平の片腕として、趙紫陽と共に改革開放路線を推進。社会主義市場経済（→ 152 頁）の導入に関して重要な役割を果たします。1987年、政治の民主化に理解を示したとして辞任に追い込まれ、1989年に病死。北京の天安門で開催された追悼集会が、天安門事件に発展してしまいました。

Key person

胡耀邦とペアでおさえたい
「趙紫陽」とは？

河南《かなん》省出身の政治家。胡耀邦と共に改革開放路線を支え、1987年に胡耀邦が辞任すると入れ替わりに総書記に就任しました。1989年に天安門事件が起こると、その沈静化に失敗したとして、責任を負って失脚。以降、2005 年に病死するまで自宅近辺での軟禁生活を余儀なくされました。

History No. 18

一帯一路は急成長した中国の次なる夢

公式で理解！

A 経済発展 × B 海外進出 = C 山積みの問題

改革開放で急速な近代化を遂げた中国。
江沢民《こうたくみん》、胡錦濤《こきんとう》の時代を経て、習近平《しゅうきんぺい》が行った政策とは?

1989～1990年頃
A
韜光養晦方針のもと経済が大成長

1989年
江沢民が総書記に

2002年
胡錦濤が総書記に

2010年
中国のGDPが世界2位に

鄧小平《とうしょうへい》の後を継いだのは江沢民。胡錦濤が総書記になっても実権を握り続け、経済力・軍事力を蓄えていきました。

その後総書記となったのは習近平。壮大な「一帯一路《いったいいちろ》」構想をはじめとする強気な政策を次々と打ち出します。

2012年

習近平が総書記に

2013年

B

海外進出に方向転換「一帯一路」構想発表

2017年

C

語られる「中国の夢」でも、問題も山積み……

今や経済大国となった中国。輝かしい発展と引き換えに、アメリカとの貿易摩擦など解決すべき問題も残りました。

A 韜光養晦方針のもと経済が大成長

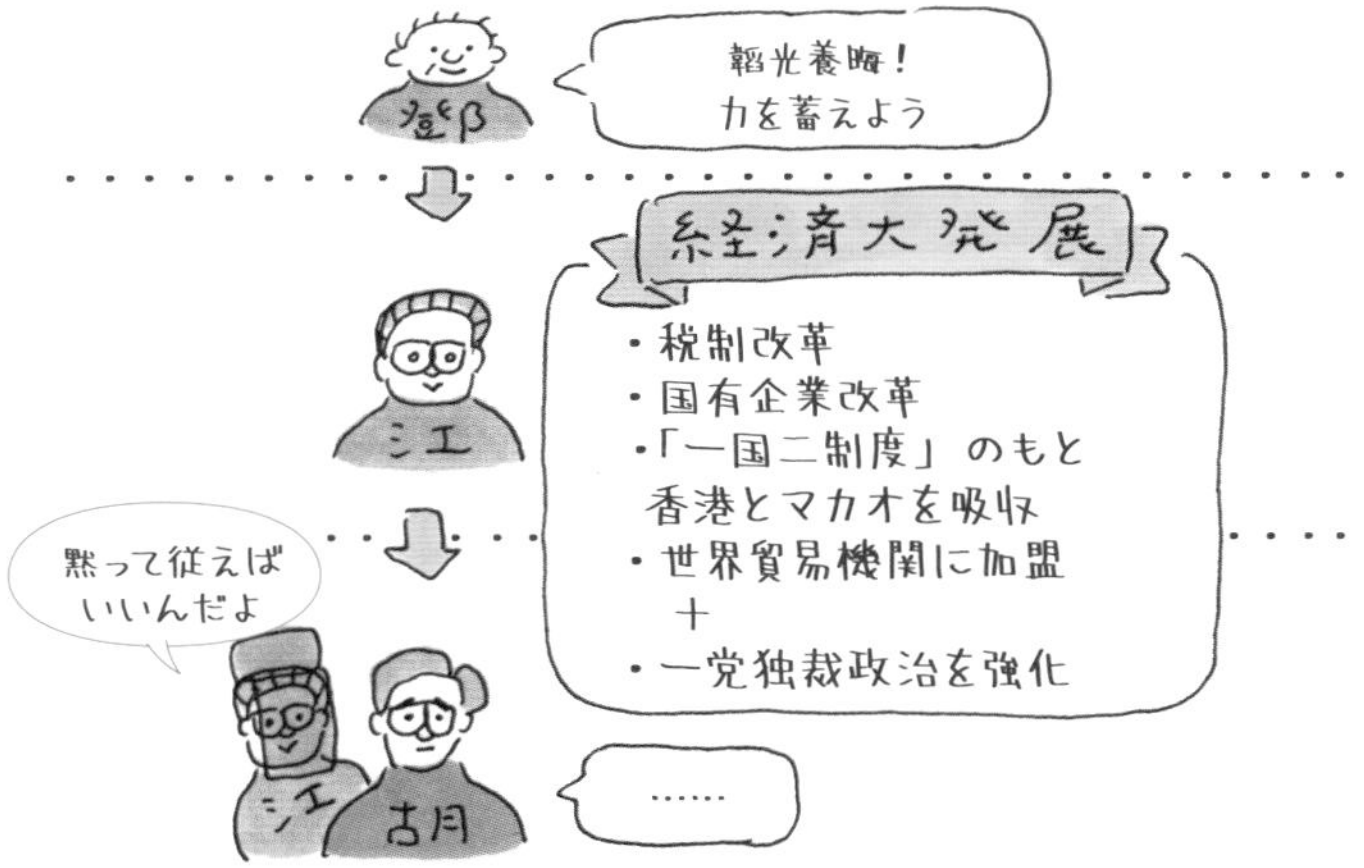

今は待つとき……！江沢民の政策で国内の経済力アップ

「改革開放」政策で成長したとはいえ、当時の中国はまだまだ発展途上。天安門事件により**国際的に孤立**してしまったため、対外的には「**韜光養晦**《とうこうようかい》（力を蓄えながら時期を待つ）」方針をとっていました。

その頃、鄧小平は趙紫陽《ちょうしよう》の後任として、**江沢民**を抜擢。江沢民は方針に従い、税制や国有企業を改革して経済力を蓄えました。さらに**香港とマカオ**が返還されると、**「一国二制度」**（↓166頁）の方針のもと中国に吸収。2001年には**世界貿易機関（WTO）に加盟**したことで外資の導入が加速し、未曾有の経済発展を遂げました。

また、天安門事件の反省から、江沢民は**共産党の支配力を強化する歴史教育**を国民に施しました。

2002年、江沢民の後を継いで**胡錦濤**が総書記に。しかし、急速な経済発展のあおりで汚職や腐敗が蔓延し、社会不安が増大しました。

B

海外進出に方向転換「一帯一路」構想発表

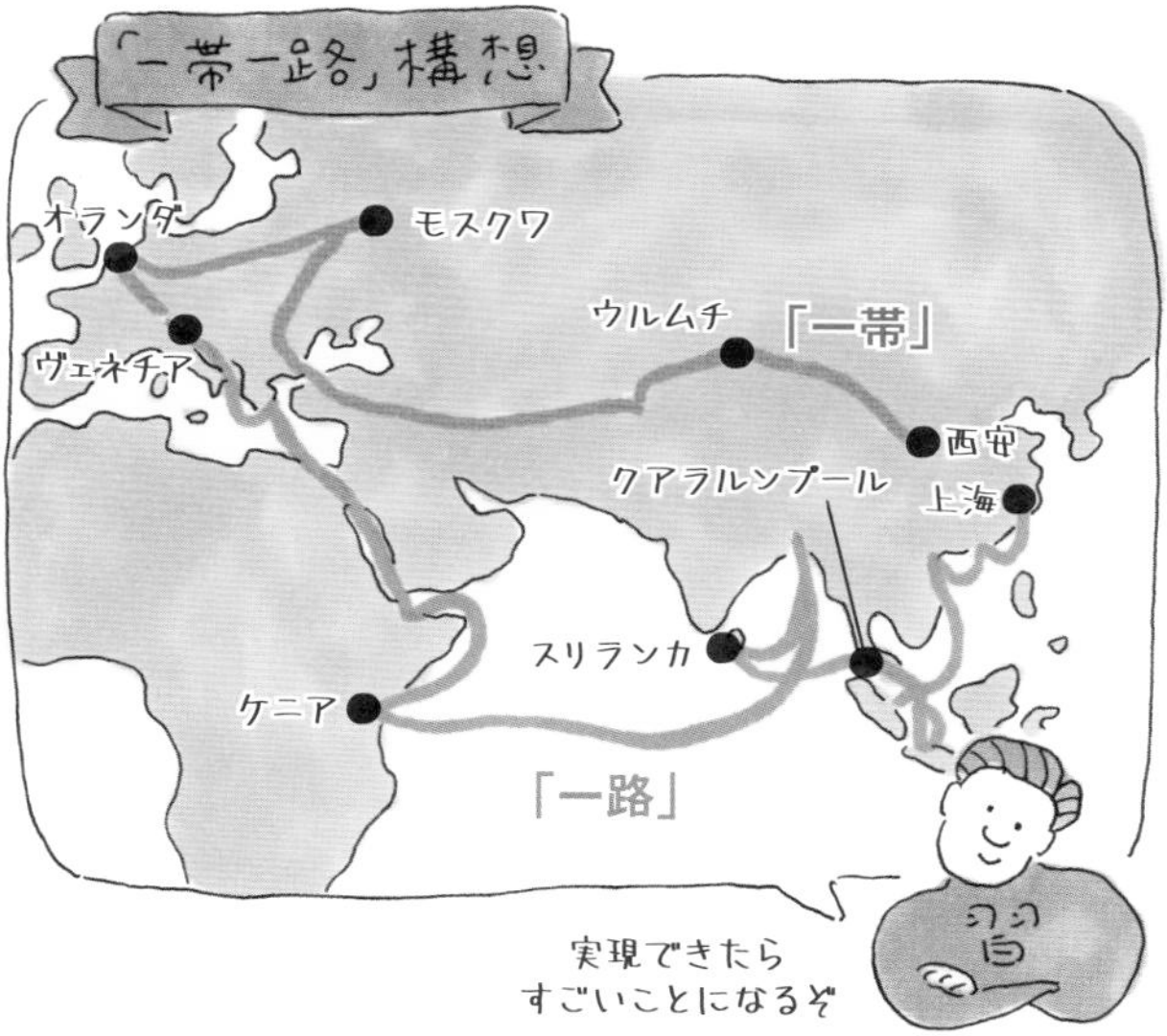

現代中国のリーダー・習近平が強気な政策を続々と発表

状況を転換させるべく登場したのが**習近平**です。2012年に総書記に就任した習近平は徹底した反腐敗キャンペーン（↓176頁）を行い、10万人以上の腐敗勢力を摘発。実行力に国民は熱狂しました。

また、習近平は外交政策を**「大国外交」**へと転換。海外進出を重視して、2013年に**巨大経済圏構想「一帯一路《いったいいちろ》」**を提唱します。「一帯」とは陝西《せんせい》省の西《せい》安《あん》を起点にアジアを横断する陸のルート、「一路」とは上海《しゃんはい》から香港、シンガポールなどを経由する海のルートのこと。**中国とヨーロッパを陸海両方でつなぎ、貿易・経済を活発にしようという試み**です。

中国は港、道路、鉄道などのインフラはもちろん、**ＡＩＩＢ（アジアインフラ投資銀行）**を設立したり、税関・ビザなどの手続きを簡素化したりと整備を進めています。成功したあかつきには、中国を中心とした巨大な経済圏ができるとの構想です。

C

語られる「中国の夢」 でも、問題も山積み……

豊かになったはいいけれど…… 環境、格差、外交などへの対応に注目

北京オリンピック、上海国際博覧会を成功させた中国。胡錦濤政権時代の2010年にはアメリカに次ぐ**GDP世界第2位**の国になり、今や押しも押されもせぬ大国に。2017年に習近平は、2035年までに中国を**経済・技術・軍事**などの**総合的な国力で世界トップレベル**の国にする、という**「中国の夢」**を語り、2020年の現在も中国のトップに立っています。

一方で、現代中国が抱えている問題は少なくありません。大躍進政策以来の**環境破壊**は、PM2.5による大気汚染や公害問題につながっています。また、都市部が経済的に豊かになったことで農村部から人口が流入し、それを防ぐべく**戸籍制度**が利用されました。人々は**都市戸籍**と**農村戸籍**に区分され、**所得格差**はなかなか埋まりません。**米中貿易摩擦**問題（→156頁）なども、世界の注目を集めています。

もっと知りたい 一帯一路

Key person

総合国力をアップさせた「江沢民」とは？

江蘇《こうそ》省出身の政治家。鄧小平引退後に最高指導者のポストを引き継ぎ、鄧小平路線を受け継いで総合国力の向上に努めました。1997年の香港返還、2001年のWTO加盟などを実現させ、中国を「世界の工場」と呼ばれるまでに成長させます。退陣し、胡錦濤政権になってからも、強い影響力を持っていました。

Key person

現代中国のトップ「習近平」とは？

陝西省出身の政治家。文化大革命の波に飲まれ、監獄送りや下放《かほう》、地方での要職の歴任を経て、2013年に国家主席に。2015年には「4つの全面」をスローガンに掲げ、①ややゆとりのある社会の建設、②改革の推進、③法の支配の強化、④党の綱紀粛正（規律を守ること）に力を入れることを示しました。

Key word

中国国民を縛り付ける「戸籍制度」とは？

1958年に発令された「戸口登記管理条例」に端を発する制度。戸籍を登録する際に、氏名、性別、出生地などの基本情報に加えて、「農村戸籍」か「都市戸籍」を区別して管理します。出生地や戸籍の区分によって、年金制度をはじめとした社会保障や、公共サービスに差があるため、特に農村からの出稼ぎ労働者たちにとって不平等な制度といえます。

第２章

根付いた原理を歴史から学ぶ

中国の思考原理

中国の歴史には、「中国人のDNA」として
現代にまで脈々と受け継がれているものがあります。
それは、日本にはない中国独自の文化や慣習です。
長い歴史を経て積み重ねてきた構造とそれに伴う思考原理を
知らないままでは、中国人を理解することはできません。
第2章では、中国人に奥深く根付くことになった思想や構造を解説します。

見どころ

「中国」という国の
成り立ちがわかる6トピック

「革命」の流れがわかる
革命ダイジェスト

What?

「中華思想」って一体何？

自己中心的で極端な考え方？

中国を理解するために重要な「中華思想」とはどのような思想なのでしょうか。中華とは、**中心に花が咲き誇って優雅な様子を表す**熟語。そのような思想ですから、文字通り中心はとても栄えて、素晴らしい存在とされます。反面、外の世界のことは野蛮かつ粗暴であるととらえ、地理的に中心から遠くなるほど野蛮さが増すという考え方です。「中心」とは、中国国内では**皇帝がいる場所**のことを指し、国際関係においては、**中国のこと**をいいます。このように、「自分が世の中の中心で、遠くの人のことはどうでもよい」という考えが中国人の根底にはあるのです。

　そんな自己中心的ともいえる思想を確立したのは意外にも、儒教の祖として知られる、思想家・孔子でした。

礼を重んじる儒教の考え方

儒教の教えの根幹は、相手を敬い、尊重する「礼」の精神。一見すると、中華思想とは相反するように感じますが、そんなことはありません。例えば、相手にお辞儀をするときに頭を下げたり、謙譲語を使ってへりくだったりする行為は、**もともと自分のほうが高い位置にいるから成立する**という考え方なのです。

儒教をもとにして生まれた中華思想は、常に上下の差をはっきりと分かつ傾向にあり、これは身分制度にも色濃く反映されました。官僚や貴族が、自分たちを中心と考え、**都合のいい決まりをつくって庶民との溝を深める**のです。

こうして生まれた溝が、今なお格差として中国に強く根付いています。それもそのはず、中国で最も長く採用されていた登用試験の「科挙《かきょ》（→138頁）」は、儒教について問う試験なのですから。

What?

「朝貢」ってどんなしくみ？

「朝貢」は中国様へのご挨拶？

中華思想を最も如実に体現したのが〝朝貢《ちょうこう》〟という外交体制です。朝貢とは、「朝《あいさつ》して貢ぐ」の文字通り、主にアジアの周辺諸国が、中国の天子に挨拶するため遠路はるばる物資を献上する習わしのことで、漢《かん》の時代以降、盛んに行われました。周辺諸国は、下賜品《かしひん》（身分の低い人が受け取る土産）を手にして帰国します。

朝貢をした理由は、中国から国の統治者としてのお墨付きをもらうため。朝貢が盛んだった頃の中国は、自他ともに認める世界の中心で、中国国内だけでなく、周辺諸国も中華思想を認めていました。そのような偉大な中国に挨拶をして、王号や地位をもらうという**儀式が朝貢だった**のです。このとき、中国のことを宗主国《そうしゅこく》、貢ぎ物を献上する国を従属国《じゅうぞくこく》といいます。

朝貢から始まった中国の〝貿易〟

実はこの朝貢、貿易としての役割も担っていました。15世紀以降の明《みん》の時代、周辺諸国にとって朝貢は、中国と輸出入をする唯一の手段で、それ以外の勝手な取引は禁じられていました。しかし、16世紀になると、朝廷の力が弱まり、各港で自主的に取引を始める者が現れます。それに伴って経済活動が活性化し、港町は力をつけ始めます。

そしてついに清《しん》の時代、ヨーロッパからも多くの商人が来訪するようになり、朝廷は、朝貢とは別に、広東《かんとん》省の港町（広州《こうしゅう》）での取引を認めるようになり、これを「互市《ごし》貿易」といいます。互市貿易を許されたのは、多額の税金を納める一部の商人たちだけ。「洋行（↓25頁）」と呼ばれた彼らは、広州において**強大な影響力を持つ**ようになり、以降、アヘン戦争が集結するまでの間、中国の民間貿易を牛耳ることになるのです。

What?

「科挙」って何のためにあるの？

合否によって、のちの人生に天と地ほどの差が……。

実力至上主義の試験「科挙」

隋《ずい》・唐《とう》以前の中国において役人（官僚）になるチャンスがあったのは、貴族だけでした。貴族は名ばかりの選考（郷挙里選《きょうきょりせん》）を経た世襲制で、地位を独占していたのです。

隋・唐の時代へ入り、皇帝が採用した官僚への登用制度が「科挙《かきょ》」です。科挙とは、儒教についての理解度を問う試験。合格者には官僚になる資格が与えられます。**科挙は家柄も身分も関係ない実力主義**。合格すれば一生安泰です。

しかし、身分の低かった者たちにチャンスが与えられたからといって、すぐに貴族の力が弱まったわけではありません。当初は学習する習慣を持っていた貴族が有利だったからです。時代が進み、ほとんどの貴族が官僚の地位を失うのは宋《そう》の時代になってから。科挙はさらに熾烈《しれつ》さを増すのです。

科挙が1000年以上続いた理由とは?

科挙に合格して一般人とは一線を画す地位を手に入れた者たちを「紳士《しんし》」といいます。特権を手にした彼らは、懲罰や労役を免れ、庶民から徴収した税金もほぼ私財にしていました。

しかし、紳士にも不安はありました。それは、貴族でない彼らにとって**利権を担保してくれるものが、科挙ただ1つだった**ということです。

権力の傘の下

紳士は、科挙制度を確固たるものにすべく、政治のトップである皇帝を強く支持します。その結果、反乱が起こりづらくなり、皇帝は思うがままに政治を動かせるようになる。実はこの仕組みこそが、科挙を始めた**隋・唐の皇帝の真の狙いだったのです**。

清《しん》の時代に撤廃されるまで1000年以上もの間、科挙制度が続いた裏側には、皇帝と役人による、持ちつ持たれつの関係性がありました。

皇帝を守ることが
自分たち紳士を守ることにつながるんだ!

What?

「士と庶」って何のこと？

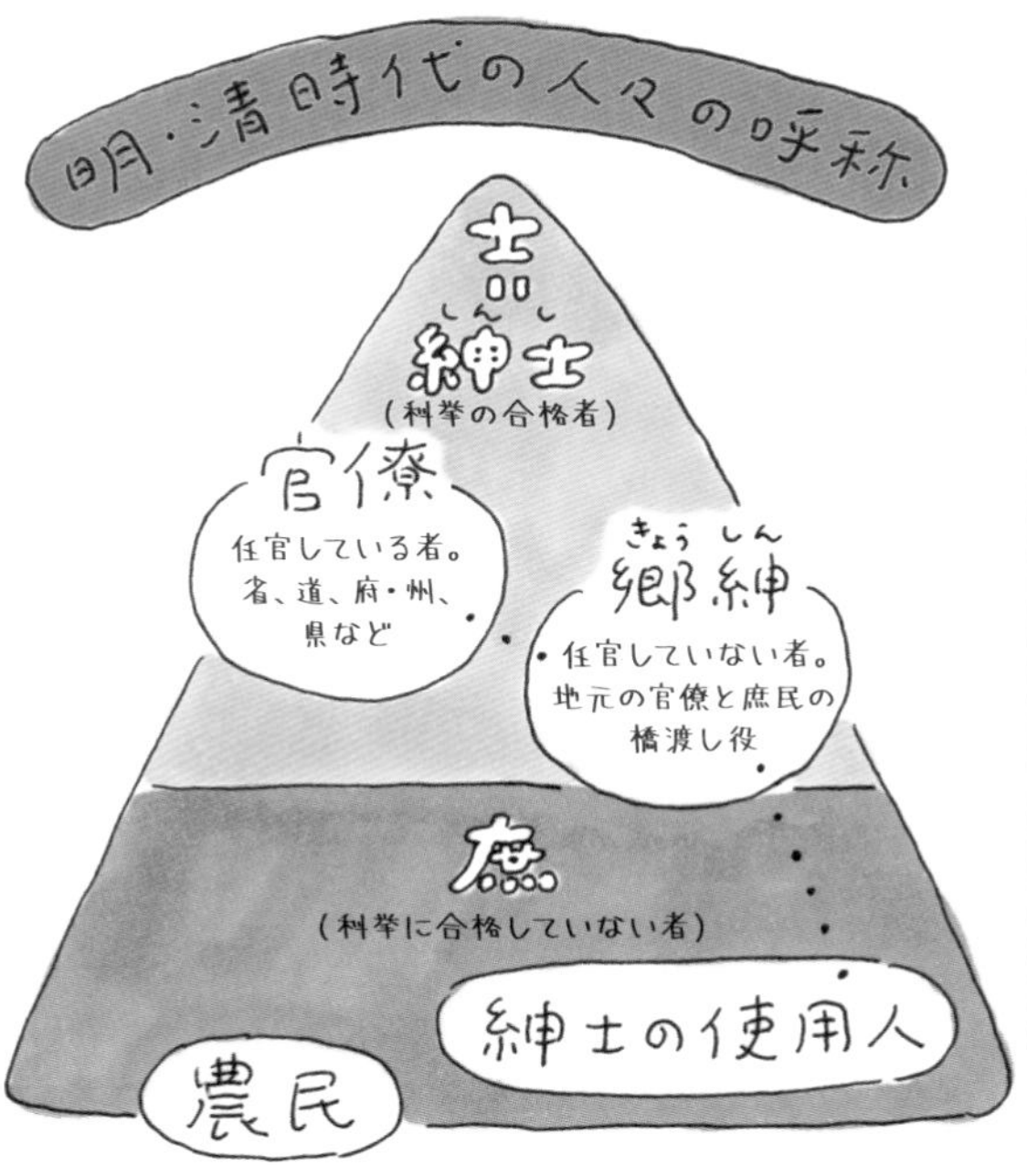

科挙が分かつ身分の差

近代中国の身分の差を表す言葉としてよく登場するのが「士《し》と庶《しょ》」です。もともと「士」は地位の高い人、「庶」は一般の人を意味する言葉で、士とは、科挙に合格した紳士、庶とはそれ以外の庶民を指します。徴税・労役・懲罰などの免除がある紳士と、庶民の待遇の差は大きいため、庶はどうにか士になろうと科挙に挑みますが、合格は狭き門でした。

それでも何とか士の恩恵にあやかろうと、優秀な者がいれば、一族で金銭を援助して全力でサポート。将来得られる見返りを考え、私財を投げ売っての投資も惜しまなかったといいます。無事、紳士になった者は、特権を使った手厚い援助で一族の子弟を育て、合格させる。こうして**科挙はさらに根付いていきます。**

庶民の生き方が身分制度をより強固に

とはいえ、科挙を受験するにもお金が必要です。庶民の中でも最下層の人々には、そんな余裕があるはずもなく、士になる道は閉ざされていました。彼らの中には紳士の使用人となった者もいます。そうすれば士の特権・恩恵にあやかりながら、同じ庶民に対して有利な立場になることも不可能ではなかったのです。

こうして、各地には紳士を中心としたコミュニティが形成されるようになります。それが同時に、無意識のうちに**科挙制度を肯定し、士と庶の隔たりを堅固なものに**していったのです。

そもそも中国は、土地が膨大で人口も多いため、統治しきれません。少しでも効率的に統治するために設けられた科挙制度が、士と庶、つまり納める者と納められる者をはっきりと分断。そして、この土台は現在にも受け継がれていきます。

What?

「地縁・血縁」が根深い理由

郷紳を中心にまとまる地方

科挙制度によって確固たる地位を手にして官僚となった紳士は、地方に突如現れ、権力を振るいます。そんな彼らに対する**庶民の不満に応えたのが、「郷紳《きょうしん》」**と呼ばれる者たちでした。

郷紳とは、紳士の中でも、官僚の任期を満了して帰郷した者や、そもそも官僚になろうとせず、地元に残った者たちのこと。郷紳にとっても、軍事力を持つ政府は恐ろしい存在であるため、官僚に税を納めて安全を確保。逆に官僚は郷紳に土地の統治のほとんどを一任。つまり政府は徴税するだけで、何も助けてはくれないのです。

土地の事情を知る郷紳は、リーダーとなって税を集めるだけでなく、庶民の生活を守り、問題を解決します。こうして同じ土地をルーツに持つ者同士の信頼関係が、地縁として築かれたのです。

政府をも脅かすつながりの強さ

郷紳と庶民が同じ家系でまとまって、「地縁＝血縁」となるケースもしばしば見られました。こうした**地縁・血縁は中国史を語る上で、常に無視できない背景**としてつきまといます。

清《しん》の時代まで貿易を担っていた「洋行《ようこう》（↓25頁）」、各国に点在する中国人のコミュニティである「華《か》僑《きょう》」も、そのつながりを拠り所にした集団です。

地縁・血縁は、ときに政府を脅かすほどの力を持ちます。その代表例が秘密結社（↓31頁）です。秘密結社のリーダーには、たとえば太平天国のように教祖が就くこともあり、この場合、郷紳との違いは、信仰宗教が儒教かそれ以外か、という点だけ。団結して密貿易や暴動に興じる彼らを**政府は恐れ、弾圧する**ようになります。

この地縁・血縁の強さは今なお中国に根強く残り、政府の統治を妨げる一因となっているのです。

What?

「共産党」の歴史と背景

中国共産党の発足と思想

中国の第一党、共産党が掲げるスローガンは、「マルクス・レーニン主義の運用と発展」です。マルクス・レーニン主義とは、ロシアのスターリンが提唱した社会主義の考え方の1つ。国が経済や農業を統括することで、国民に平等をもたらし、いずれ一人ひとりに幸せが訪れるというもので、目指すところは、**完全に管理された社会**でした。

1921年、共産党の国際統制センターであるコミンテルンの支持を受けて、中国にも共産党が誕生しました。陳独秀《ちんどくしゅう》（→75頁）や毛沢東《もうたくとう》らをリーダーに据えた中国共産党（→79頁）は、同じ頃に発足した国民党（→78頁）と対立します。その後も、手を組んだり、離れたりを繰り返しながら共産党は勢力を拡大。1949年、ついに共産党が統治する中華人民共和国が誕生するのです。

完璧に監視された社会へ

まず毛沢東が取り掛かったのが「土地改革」（→103頁）。地主から土地を接収し、平等に再分配して管理します。これによって中央の権力が庶民一人ひとりに行き渡るようになり、支配体制が強化されると同時に、長きにわたって地方を統治した郷紳《きょうしん》の力が消滅。これこそが、地縁・血縁による革命を恐れていた**毛沢東の本当の狙い**でした。

毛沢東の起こしたもう一つの改革は、管理通貨の導入です。流通貨幣を新通貨「人民幣（人民元）」に統一しました。その貨幣価値を信用できない外資企業は中国から撤退。結果、中国は世界から切り離され、毛沢東の目論見《もくろみ》通り、**閉ざされた完全管理社会**へと姿を変えたのです。

共産党は、支配された庶民の反乱を防ぐべく、年々締め付けを強化。管理体制は今日も、より強固なものへと進化を続けています。

ダイジェスト

中国ではこれまで、数多くの革命が起こっています。
その原動力は、それぞれの正義に則った「気持ち」。
当事者の気持ちを想像して、歴史を紐解いてみましょう。

宗教的クーデターの先駆け

1796 年　白蓮教徒の反乱

白蓮教《びゃくれんきょう》の秘密結社によって引き起こされた反乱。白蓮教とは、もともと元末ごろ出てきた宗教で、反体制的な色の強い集まりでした。「救済の前には世の中を揺るがす大きな争いが起こる」と信じていたのです。そんな思想を持つ集団を相手にした清《しん》王朝は、10 年近くこの反乱を抑えることができませんでした。

その結果　**清の衰退が露呈し、地方の有力者が台頭**

中国全土を巻き込む大反乱

1851 年　太平天国の乱 (→ 26 頁)

アヘン戦争後の混乱した中国では、庶民の生活が困窮し、政府への不満がまん延していました。それに火を点けたのが、洪秀全《こうしゅうぜん》（→ 31 頁）でした。彼は「太平天国」という独立国家を名乗り、各地で清王朝に対して反乱を決起。宗教団体や少数民族の集団も付随して大規模化した反乱は、清朝の手には負えませんでした。そして反乱開始からおよそ 15 年後の 1864 年、列強の力を借りてようやく鎮圧したのでした。

その結果　**清軍はボロボロ。列強に借りまでつくる始末**

「気持ち」が爆発! 革命

PART 1「近代の大きな革命」

宗教の対立が生んだ悲劇

1899年　義和団事件 (→ 50頁)

義和団とは、「義和拳」という拳法を使う集団で、白蓮教から派生しました。彼らが引き起こした、大規模な外国人の排斥運動が、義和団事件です。当時の中国には、アロー戦争の戦勝国から、多くのキリスト教の外国人宣教師が入ってきていました。彼らは身勝手な振る舞いをすることが多く、地方の郷紳（→ 142頁）や庶民との間に軋轢が発生。一部では、「キリスト教徒が赤子の目をくり抜いて薬を作っている」といったデマまで流れたといいます。迷信を信じた市民は教会を襲撃。それがどんどん広域化した結果が義和団事件だったのです。

その結果　**またもや列強が鎮圧。中国は立場なし**

激動の20世紀
共産党の革命へ!

中華民国誕生の契機

1911年 辛亥革命 (→ 62頁)

清に不満を持った庶民が起こした革命。政府が掲げた鉄道国営化に対し、鉄道会社の株主は、「ふざけるな!」と反発。省の軍隊も同調し、各省の政府からの独立が相次ぎます。最終的に孫文《そんぶん》と袁世凱《えんせいがい》が手を組み、当時の宣統《せんとう》帝(ラストエンペラー)溥儀《ふぎ》を退位させることで終息を迎えました。

その結果 中華民国が建国。袁世凱が大統領に

血が血を呼んだ惨劇

1925年 五・三〇運動

上海《しゃんはい》・租界《そかい》にあった日本の紡績工場で、ストライキしていた中国人が射殺されたことに端を発するデモ。同じ時期、山東《さんとう》省の青島《ちんたお》でも同様の射殺事件が起こり、事態は悪化します。上海では1万人以上の市民が集まり、「上海を返せ!」と抗議活動を開始。広州《こうしゅう》・香港にも運動が広まり、暴動は1年以上続きました。

その結果

各国の軍隊による制圧で、外国への反感が増大した

怒りの大規模スト

1919年 五・四運動 (→ 74頁)

第一次世界大戦が終わり、戦後処理のために「パリ講和会議」が開かれました。そこで中国は二十一カ条要求が不当であると主張。しかし、意見は却下されます。「要求を受け入れてたまるか!」と怒る国民は、学生運動を起こしたり、商店を閉めるなどして政府に反発。その動きは各地へと広がりました。

その結果

講和条約の調停を拒否。中国の対外意識が高まる

純心を弄ぶ洗脳劇

1966年
文化大革命 （→118頁）

大躍進運動が失敗に終わり、国家主席を退いた毛沢東《もうたくとう》。後釜の劉《りゅう》少《しょう》奇《き》・鄧小平《とうしょうへい》のやり方に不満を持った彼は、「中国を良くしたい」と考える純粋な学生たちを洗脳し、破壊活動へと誘導。やがて行動はエスカレートし、多くの犠牲者が出ました。見事、毛沢東がトップに返り咲いたのです。

その結果

失脚した鄧小平は
毛沢東の死後、復活する

国共対立を止めた事件

1936年
西安事件 （→96頁）

国民政府東北軍のリーダー・張学《ちょうがく》良《りょう》が、長征 （→96頁） で西安《せいあん》を訪れていた蒋介石《しょうかいせき》を拉致・監禁した事件です。日本との緊迫した状況を横目に共産党と争う蒋介石に対し、張学良は「そんなことしている場合じゃない！」と怒り心頭。強硬手段で国民党と共産党の争いを止め、一致団結させました。

その結果

夫人が蒋介石を説得。
第二次国共合作が成立

近年まれにみる大虐殺

1989年　天安門事件 （→124頁）

毛沢東の没後、再び指導者となった鄧小平のもとで、民主的な改革に理解を示していた政治家・胡耀邦《こようほう》も亡くなります。追悼のために天安門に集まった学生たちが、「今こそ民主化の改革を！」とデモを開始。鎮圧を試みた鄧小平の命令によって軍が介入し、多くの犠牲者が出ました。

その結果　**戒厳令を敷いた共産党。若者たちを弾圧**

第 3 章

歴史をたどると
見えてくる

中国の
行動原理

同じアジアの国でも、政治のあり方、国が抱える問題、
世界での立ち位置など、日本とは大きく違う中国。
第3章では「どうしてそうなった?」という現代のトピックを、
歴史をたどりながら解説し、理解を深めていきます。
歴史を紐解くと、「実は、かつてもそうだった」
という流れも見えてくるもの。
行動原理がわかれば、そうなる理由も納得できるのです。

見どころ

現代の中国に対する「なぜ?」を歴史をさかのぼって検証

最近の動きではなく、歴史から見えてくる「中国」の体質を探る!

なぜ

「社会主義市場経済」が成功しているのか?

「社会主義市場経済」とは、社会主義国家である中国で、
経済活動だけは「市場経済」を取り入れること。
実は、明や清の時代にも似た状況がありました。

統制管理

— 明 —

民間の密貿易が盛んになっていく

民間の力が増大

正式な交易は「朝貢《ちょうこう》」でしたが……

— 清 —

「互市《ごし》」制度で民間貿易を推進

民間の力が増大

輸出超過
貿易黒字

— 中華人民共和国 —

「改革開放」政策スタート

社会主義+計画経済から
社会主義+市場経済へ

民間の力が増大

輸出超過
貿易黒字
再び

歴史は繰り返す

つまり

歴史的に積極的な貿易をする下地があった!

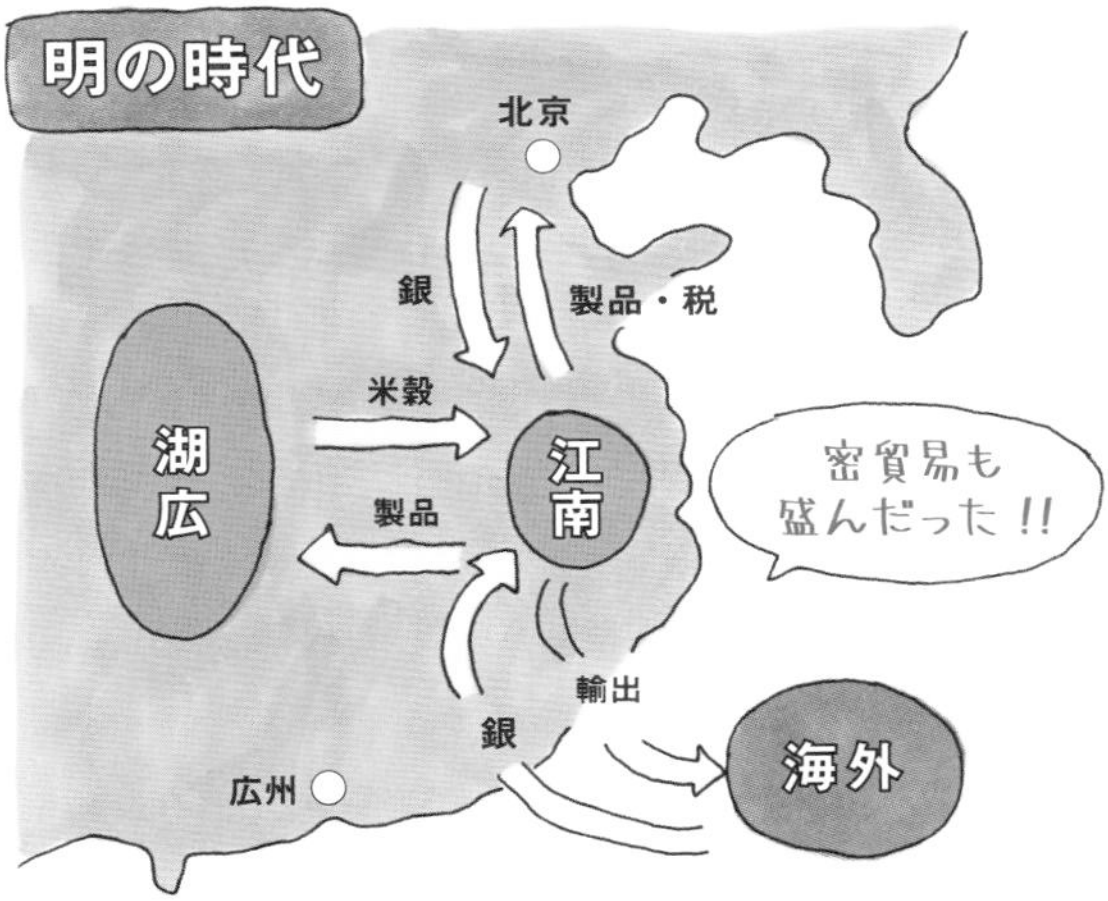

●明の時代、民間貿易で経済活性化

中国の貿易の歴史をたどってみましょう。14～17世紀まで続いた明《みん》の時代、周辺国との関係では、お土産を持って明朝の皇帝に挨拶に来れば商取引ができる**「朝貢」**（→136頁）というシステムを実施し、それ以外の国には「鎖国」する統制体制を取っていました。

統制経済の当時は通貨がなく、**現物での交易**でしたが、穀倉地帯だった南部で産業が栄え、江《こう》南《なん》などで農産物にまつわる商業に従事する人が増えると、物々交換では不便なため、**「銀貨」**が非公式通貨として民間で使われるようになります。

経済が発展し、採り尽くされた国内の銀だけでは不足状態になると、江南の人々は絹や木綿などを輸出し、日本やヨーロッパから銀を調達するという**密貿易**を始めます。日本からも「倭寇《わこう》」と呼ばれる密貿易者が出入りし、**民間の密貿易が盛ん**になっていきました。

こうして明朝が統制弾圧できないほど、**民間が経済力を持っていく**ようになるのです。

●清の時代、18世紀から貿易黒字だった

清《しん》の時代になると、政府はこうした交易を密貿易として取り締まるのではなく、「**互市**《ごし》」（取引という意味→137頁）という制度を作って促進します。すると経済はますます繁栄。しかし、日

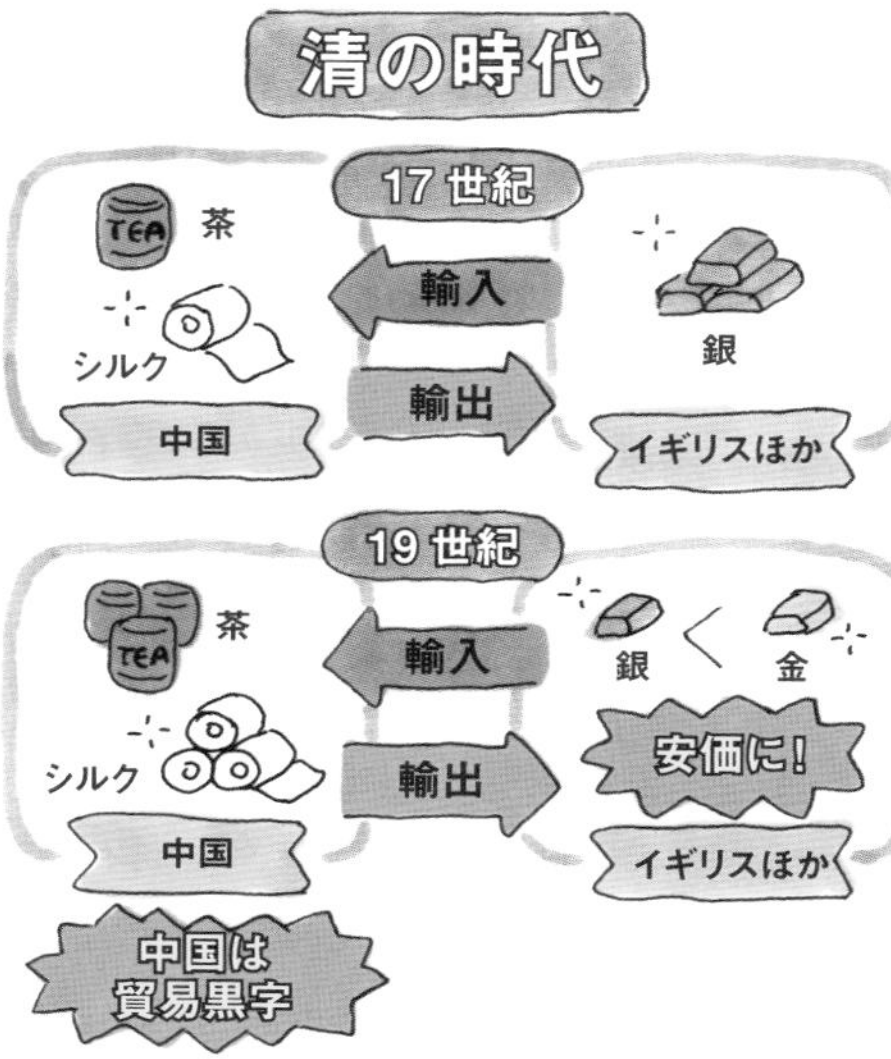

本が鎖国に入り、ヨーロッパは寒冷化による不況で清に銀が入らなくなると、国内はデフレ状態に。

17世紀になると、産業革命を経たイギリスが互市を利用し、**中国のお茶を求めて大量の銀を供給**し始めます。18世紀にはインフレとなり、物価はV字回復へ。

18世紀半ばには清の景気は回復し、19世紀後半以降は、お茶とシルク以外にも、大豆や穀物などの**農産物が大量に輸出されるように**なり、輸出量が増えていきます。

この頃、ヨーロッパ各国では、金を通貨価値の基準とする「**金本位制**」が導入され始めます。すると、世界的に金を買って銀を放出する動きが起こり、**銀を通貨としていた清では為替レートが引き下げられ**、通貨安により国産品の輸出がしやすくなります。その結果、「**輸出超過、貿易黒字**」の状態になっていきました。

●安価な通貨、安価な労働力は昔から

20世紀になり、中華人民共和国を建国した毛《もう》沢東《たくとう》の後、最高指導者となった鄧小平《とうしょうへい》は、1978年に**改革開放政策**（↓120頁）を始めます。それまでの中国は、「国の計画と管理のもとで経済活動が行われ、得られた財は国民に平等に分配される」という**「社会主義＋計画経済」**の統制体制が取られていました。しかし、そうなると怠けても懸命に働いても給与は変わらず、次第に生産性は落ちていき、国の経済成長を阻むことにもなります。

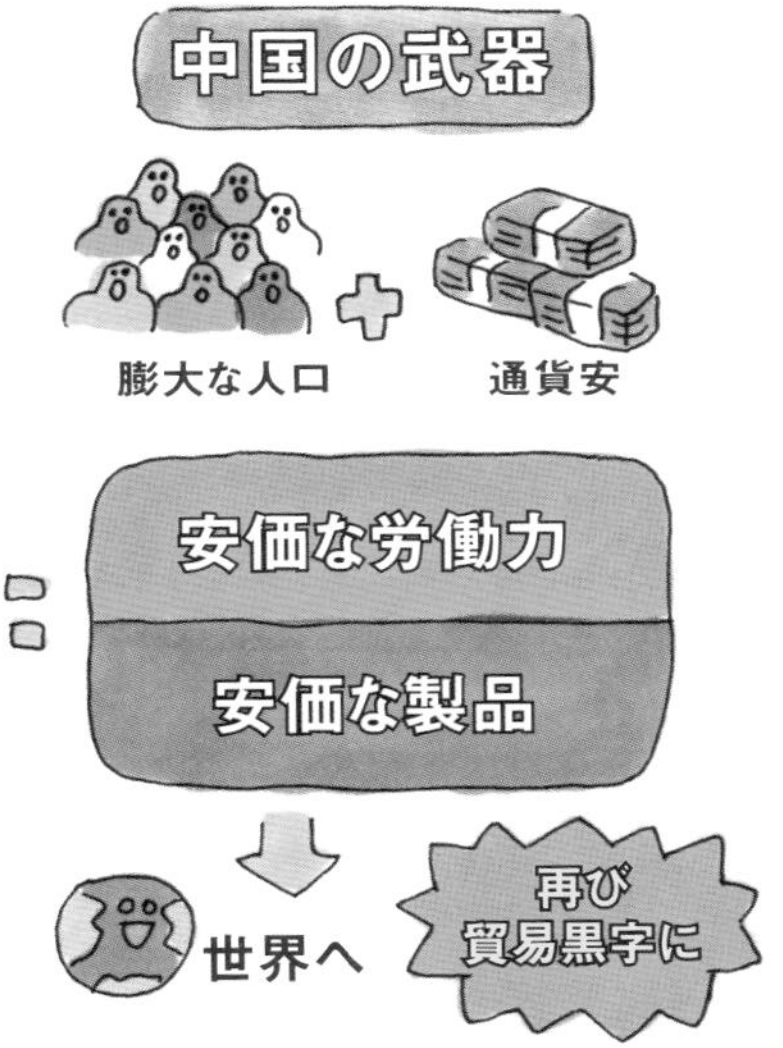

そこで鄧小平は、**社会主義国家のまま、経済活動だけ「市場経済」**を取り入れ、私的な財産を持てるようにしました。外国の民間企業を誘致することで先進国の最新技術も入ってきて、国内経済は活性化。そして現在の**「社会主義市場経済」**に至ります。

つまり、国が経済活動や貿易を管理統制するより、**自由を認めたほうが経済は活性化**したのです。この流れは、通貨安を武器に、民間が経済力をつけていった明、清の時代に重なります。安価な国産品が売れた清の時代、そして、安価な労働力で世界の製造業を支える現在の中国。この構造は、実は歴史を繰り返しているのです。

なぜ

「米中貿易摩擦」が起きたのか?

GDP 世界第2位の経済大国となった中国。
対中国貿易赤字が膨れ上がったアメリカとの
「米中貿易摩擦」と称した貿易戦争の経緯とは?

1978年

社会主義＋市場経済

「改革開放」政策により
輸出超過・貿易黒字へ

経済力アップ

外国資本の流入
雇用の拡大

2013年

非難

習近平の
「一帯一路《いったいいちろ》」構想は
借金漬け外交?

経済力を武器に

アジアインフラ
投資銀行(AIIB)
設立

アメリカ vs 中国

- 経済力争い
- 通信網争い
- 陸海の交通網争い

つまり

米中で覇権争いをしているから

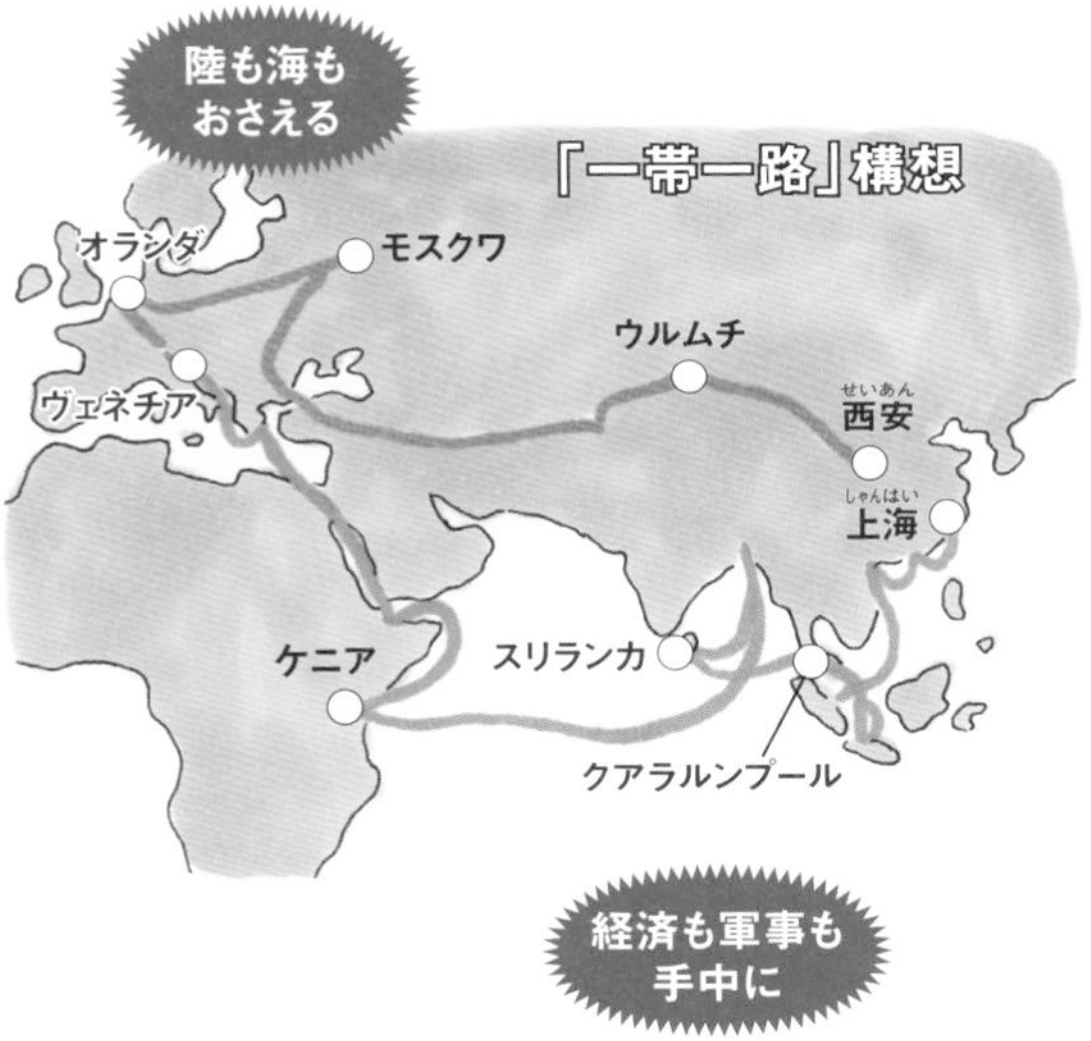

「改革開放」政策により経済発展を遂げる

1978年、文化大革命で疲弊した中国を立て直すべく、鄧小平《とうしょうへい》は改革開放政策（↓120頁）を実施。社会主義国家である中国に、市場経済を取り入れました。

この政策は諸外国にも歓迎されました。なぜなら、10億人超の人口を抱える中国では、安い賃金で大量の労働者を使うことができ、将来的にも、巨大なマーケットに成長すると期待されていたからです。

アメリカや日本の企業は次々と中国に進出し、多額の投資をして、自社の製品や部品を中国の工場で生産しました。その結果、**中国は高度経済成長を遂げます**。2001年には、WTO（世界貿易機関）に加盟したことでさらに貿易を増して、**多くの外貨を獲得**しました。

2010年、国内GDPが世界第2位となった中国では、2013年に国家主席となった習近平《しゅうきんぺい》が、アジア、アフリカ、ヨーロッパを**陸路と海上交通でつないで貿易を活発化させる**経済圏構想**「一帯一路」**（↓126頁）を発表しました。

●中国の影響力を警戒するアメリカ

当初、一帯一路構想に参加を表明したのは約50ヵ国でしたが、道路や鉄道、港湾などの施設が整っていない中央アジアや中東、アフリカの国に、**中国が建設資金を融資する条件を出し**、インフラ整備のための融資を行う国際開発金融機関「アジアインフラ投資銀行（ＡＩＩＢ）」を設立。２０２０年、同機関への参加国は約１００ヵ国に増加。

ただし、借金を中国に返済できない場合は、**作った港の運営権や使用権を中国に引き渡す約束を**しています。この「借金のかたに港を取り上げる（期限付きで）」という中国のやり方を、日本や欧米のいくつかの国は問題視。実際に、資金回収がうまくいかなかったスリランカでは、債務免除と引き替えに、**中国に港湾の使用権を99年間認める契約**を結びました。

すると、諸外国から「借金漬け外交」「債務のワナ」などと非難が集中。

振り返ってみると、中国はアヘン戦争後の南京《なんきん》条約で割譲した香港島やその対岸にある九龍《くーろん》半島を99年間イギリスに統治された歴史があり、この方法にならっているのでしょう。

米中貿易摩擦が勃発

2017年にアメリカの大統領に就任したドナルド・トランプは「**対中貿易赤字の解消**」を公約の1つに掲げました。この公約を実行すべく、2018年3月に中国から輸入する鉄鋼製品の関税を引き上げたことを皮切りに、アメリカと中国が互いの輸入品にかかる**関税を釣り上げ合う**事態が2019年9月まで繰り返されました。

アメリカは、中国に対して強硬な態度に出た理由を、貿易赤字の解消はもちろん、**知的財産権侵害**や**透明性に欠ける企業補助金**に対する制裁措置だとしています。

しかし、この背景には一帯一路構想などを通して中国が国際的な影響力を増していること、そして、次世代通信規格・5Gの技術で抜きん出ている中国が、一帯一路の沿線国に5Gを普及させることで、**情報技術や通信網の覇権を握るのを阻止せねば**、という思惑もあるのでしょう。

また、中国が沿線国の情報を掌握することで、**軍事分野でも力を持つこと**に対するアメリカの危機感もあるとも見られています。

つまり、関税をめぐる「米中貿易摩擦」の争いは、国際社会における覇権争いでもあるのです。

なぜ

「1つの中国」を主張するのか?

中国の新疆《しんきょう》ウイグル自治区が成立して以来、独立運動を続けているイスラム教徒たち。
また中国国内で人権弾圧を受けているといわれているチベットの人たち。
民族や宗教は違っても、中国の地で共存していた時代もありました。

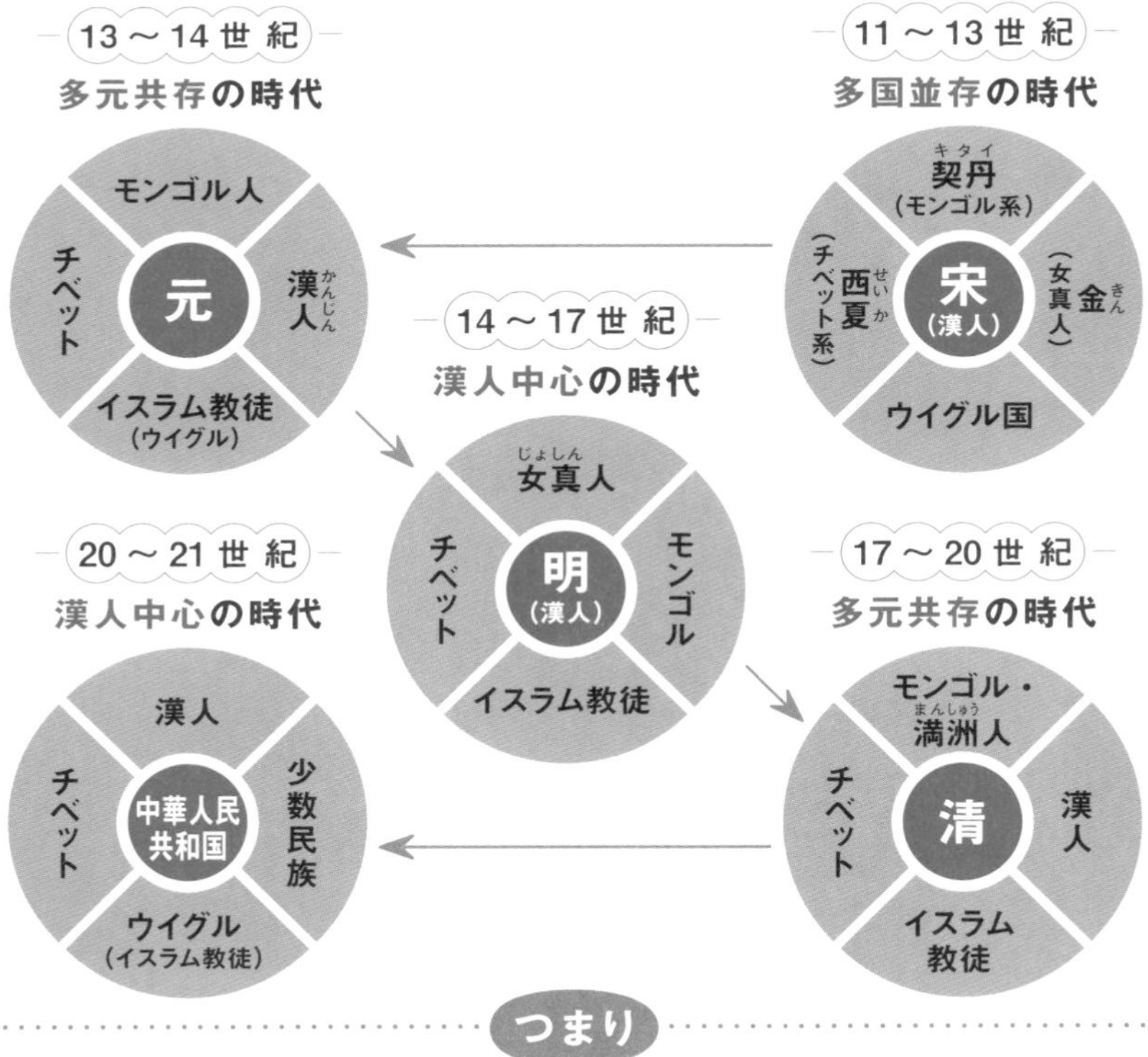

つまり

覇権を取るために1つにまとまらねばならないから。反乱を防ぐために強引におさえこんでいる

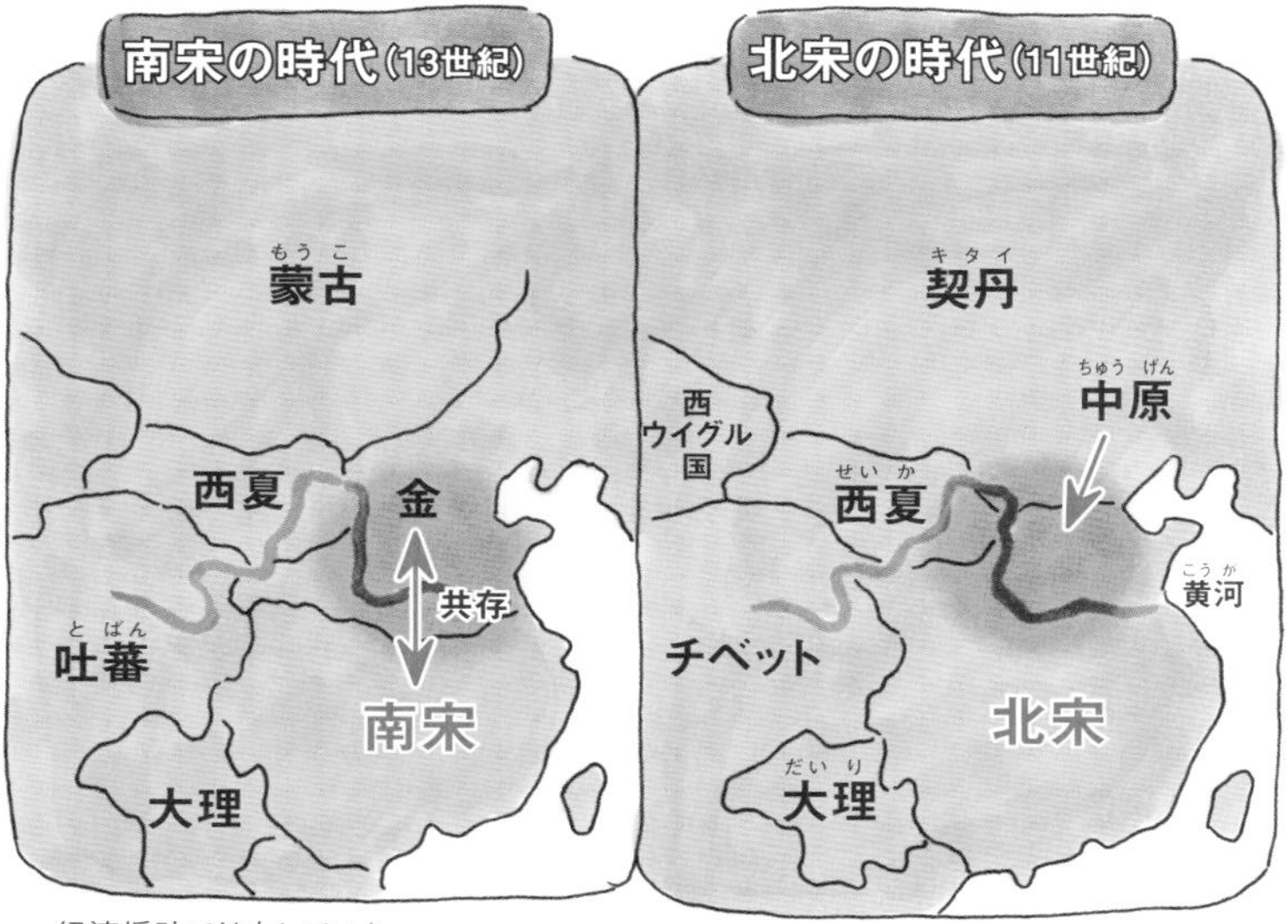

経済援助で並存していた。

●多国並存・多元共存だった中国

中国は、古来からずっと1つの国として統一されていたわけではありません。漢人による中華文化の発祥地は「中原《ちゅうげん》」と呼ばれる黄河《こうが》中下流域にある平原。この地を治めることが権力の象徴でした。

中原の国が「宋《そう》」だった10～11世紀頃、北方の遊牧民が力をつけてきて、宋（北宋）を脅かし始めます。このとき、軍事力を誇る遊牧民に対し、経済力のあった北宋は、対立の力を取らず、**盟約を結んで経済援助をし**、**共存**を図りました。

その後、宋は遊牧民・女真《じょしん》人（今の満洲《まんしゅう》人）の国家「金《きん》」に首都を奪われてしまいます。しかし、このときも宋は、**金と共存**していくことで、**南方に都を移して生き残り**ました（南宋時代）。

●他民族との共存と排除を繰り返す

13世紀、チンギス・ハンが率いる遊牧民の「モンゴル帝国」が勢力を伸ばし、商業資本のあるウイグル（イスラム教徒）とは、**タイアップしながら領土を拡大**していきます。その後、中国にも手を伸ばし、大都《だいと》（今の北京）を首都として、江南の宋を滅ぼしました（元《げん》の時代）。

14世紀になると、漢人がモンゴル帝国を北方へと押し戻し、「明《みん》」を建国。明はモンゴルを征服して生まれたので、モンゴル人を「外夷《がいい》」と呼んで区別し、**漢人が中心となる中華思想（→134頁）を取り戻そう**と鎖国をします。

17世紀には、明に代わって満洲人（女真人）が「清《しん》」を建国。これまで力を持っていた**漢人、モンゴル人、イスラム教徒も広い領土の中で共存**させ、「華夷一家《かいいっか》」というスローガンで政治を行いました。このように中国は、複数の集団が並び立った**多国並存**の時代と**多元共存**の時代、それを排除した**漢人中心**の時代を繰り返しているのです。

●独裁国家が1つに束ねられるのか？

19世紀に入って清が弱体化すると、各地で軍隊の反乱が起き、軍人たちがそれぞれ地方を支配し、

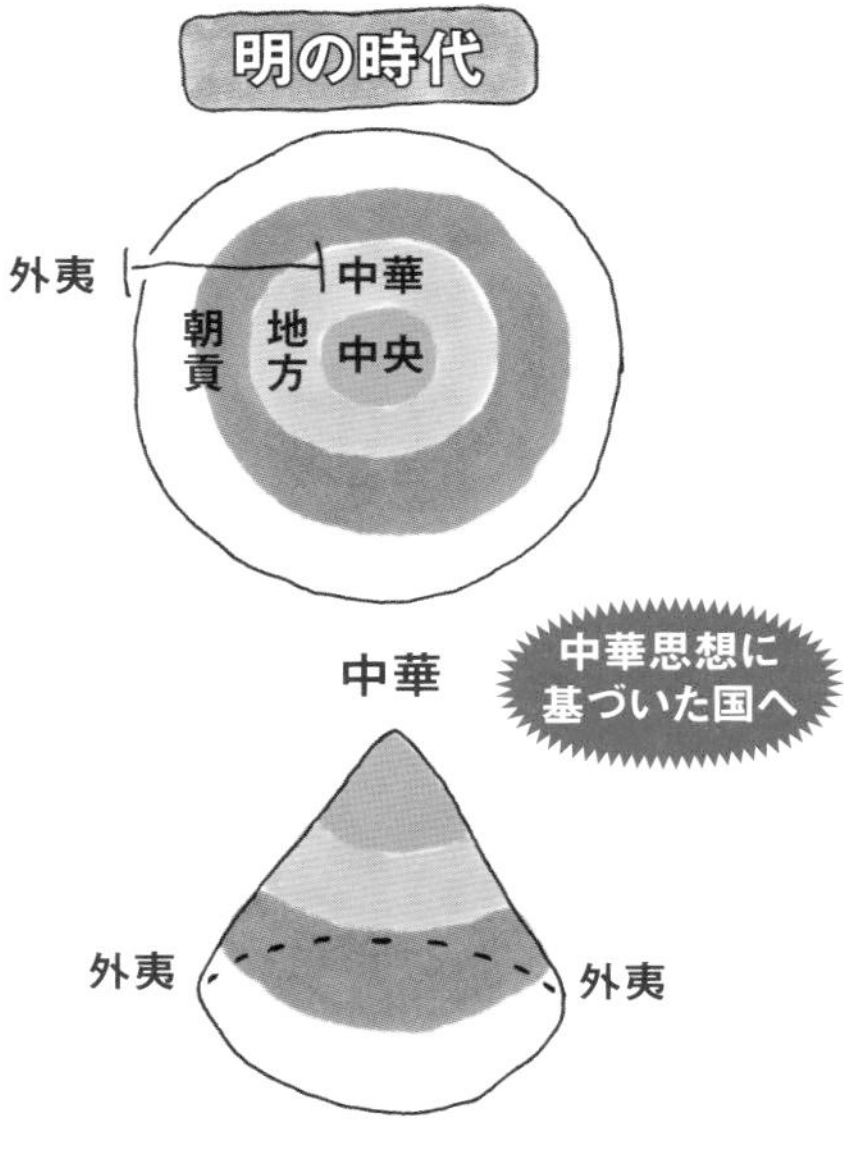

独立する動きが勃発。これらを統一して1つの国家にしようとした革命が、1911年の「辛亥革《しんがいかく》命《めい》」（↓62頁）です。これにより中国の歴史上初めて**皇帝を持たない「中華民国」**が生まれました。しかし、都市の勢力を代表する蒋介石《しょうかいせき》の国民党と、

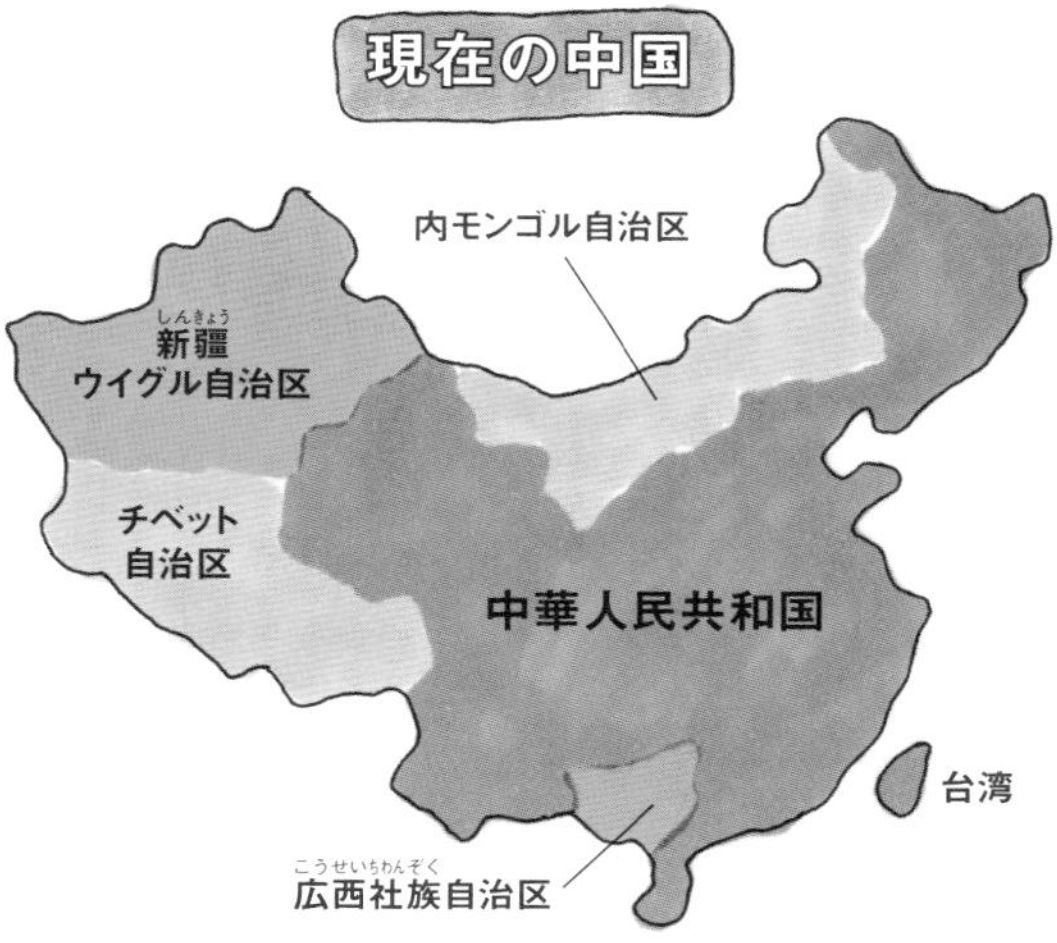

農村の勢力を代表する毛沢東《もうたくとう》の共産党という2大勢力が対立しました。最終的に、共産党が1949年に中華民国の支配から離脱しがちであった**チベットやウイグルのほか、少数民族を取り込んだ中華人民共和国を建国**し、国民党は台湾に逃れます。

　そして現在、中国は、チベット、ウイグルなどの自治区エリアを、中国の政策に従わせる同化政策を強行しています。なぜなら中国は今、経済力、軍事力、市場規模などで世界一のアメリカに対抗し、**世界の覇権**を取ろうとしており、そのためには国**が1つにまとまっていないといけない**からです。

　しかし、歴史を振り返ってみると、今の中国のように、「1つの中国」として圧政を行っていた時代は、必ず**他民族の反乱や反発組織による革命**が起きています。だからこそ、中国が目指す夢として、「1つの中国」が掲げられているのです。

なぜ

「香港・台湾」はたびたびデモを起こすのか？

清の時代までは同じ国だった台湾と香港。列強の支配が及び、イギリスに租借割譲され、香港は「一国二制度」による特別行政地区に、台湾は中華民国でありながら「中国の一部」となっていきます。

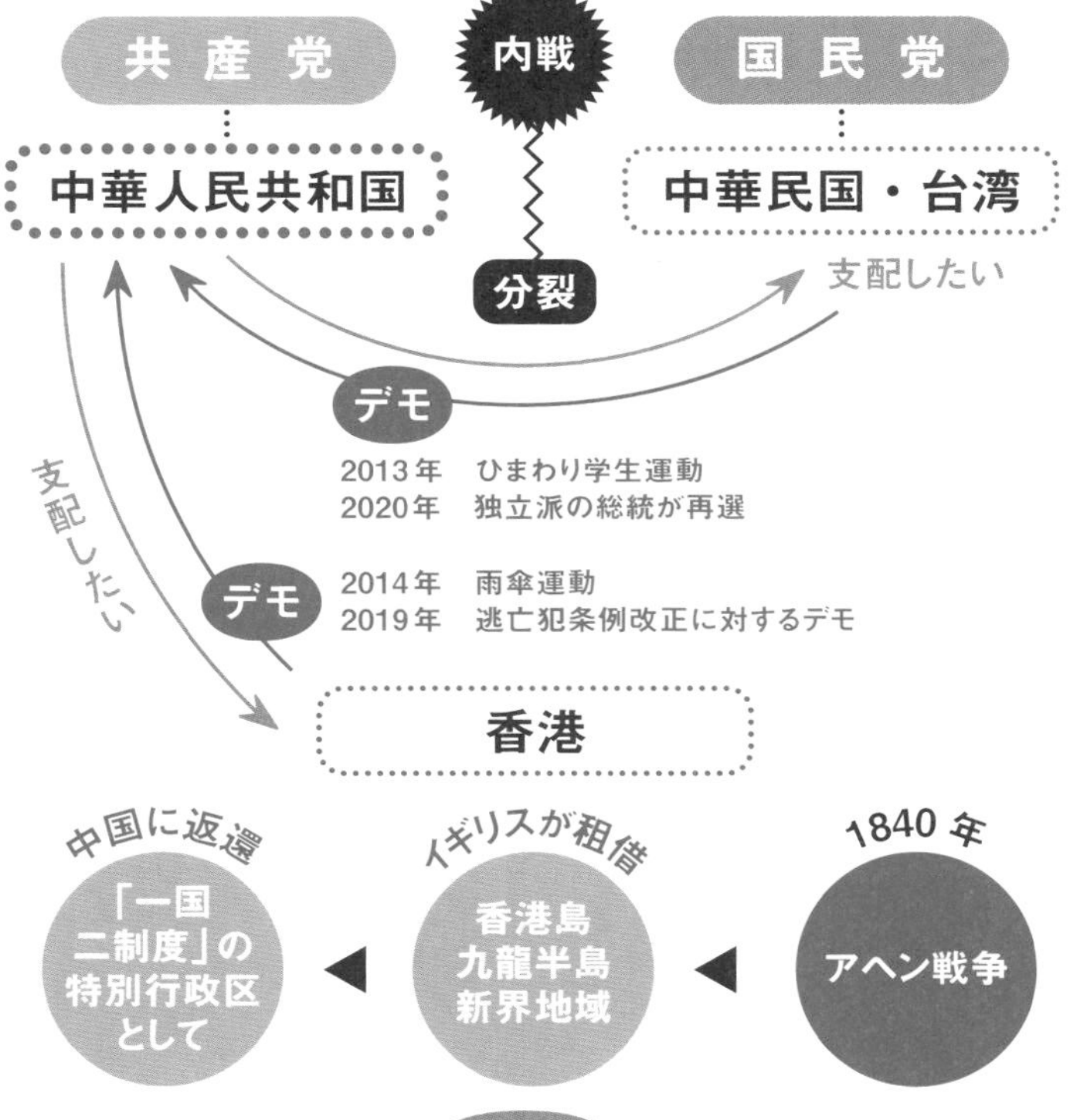

つまり

うやむやのうちに中国に全面支配されたくないから

外省人

- 中国本土から移ってきた人々。
- 第二次世界大戦後、台湾を統治。
- 中華民国として中国統一を目指していた。

本省人

- 清《しん》の時代から台湾に居住していた人々。
- 日本統治時代を体験している。
- 台湾の独立を望んでいる。

●分裂した中華民国が台湾を支配

台湾は**「中華民国」**のある地ですが、1895～1945年まで、日清戦争に勝った日本に割譲されていました。

日本は、台湾の人々に対して**同化政策**を行い、交通、教育、上下水道などを整備して、台湾の近代都市化を推し進めました。

しかしその後、第二次世界大戦に負けた日本は、勝った**連合国側の中国（当時は中華民国）に台湾を渡す**ことに。

台湾は、中国本土から送り込まれた**国民党**に統治されることになりますが、これが差別や腐敗まみれのひどいものでした。**台湾の人々（本省人）**はこの圧政に対して自らの権利を主張し、抗議活動を行います。1947年の**「二・二八事件」**を発端に、外省人と本省人の争いは台湾全土に広がり、国民党側の武力弾圧により大量の犠牲者を出して終わります。

1949年、勢力を強めた共産党が「中華人民共和国」を建国し、負けた国民党は、台湾へ逃亡。「中華民国」を存続させます。こうして、**中国には2つの国家が併存**することになりますが、台湾では、1987年まで38年間に及ぶ国民党による徹底的な弾圧が行われました（戒厳令）。

香港と台湾の違い

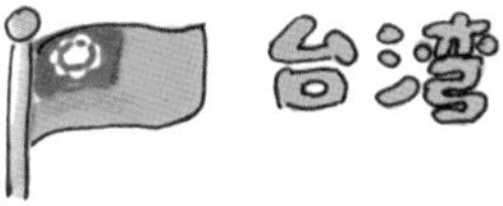

・「一国二制度」は適用されていない

・「一国二制度」を適用
・民主主義（イギリス統治時代より）。ただし、直接選挙ではない

●「一国二制度」でも中国の支配が……

香港の歴史に話を移します。清の領土だった香港は、1842年、アヘン戦争後に締結した南京《なんきん》条約で、香港島はイギリスに譲渡されます。その後、九龍《くーろん》半島も奪われ、さらに1898年、九龍半島に北接する新界地域も99年間の期限付きで譲渡。イギリス統治時代は貿易港として発展し、東アジアの金融の中心地となりました。

1990年、「香港特別行政区基本法」が成立。**香港は特別行政区**として、**50年間は資本主義体制の維持が約束**されました（一国二制度）。言論・報道・出版、集会やデモの自由などが保障される一方で、香港で実施される制度は、中国の全国人民代表大会により法律で定められます。

また、香港では普通選挙が叶っていません。そのため2014年、香港行政長官選挙において**中国寄りの候補者から選ぶしかない案が発表された際には、抗議デモが起**こりました（雨傘《あまがさ》運動）。

2019年には約半年間、「逃亡犯条例改正案」への抗議デモが発生。逃亡犯条例とは、香港以外の国で犯罪を犯した容疑者を、引き渡し協定を結んだ国から要請があれば受け渡すというもの。それを簡略化する改正案でしたが、内容は、中国本土への引き渡しも可能にするものだったため、拘束や拷問がある**中国の司法制度を恐れた香港市民が、人権を守るべく反対デモ**を起こしました。

●中国の支配を恐れる香港と台湾

中国と台湾の関係に話を戻します。第二次世界大戦後、勝利した連合国（アメリカ、イギリス、フランス、ソ連、中華民国）が中心となり、国際連合を設立。このときの中国は、中華民国でした。1971年の国連総会で、**「中国（政府）の代表権は中華人民共和国」**と認定されると、**中華民国は国連を脱退**。こうして、国際社会において、**台湾は「中国の一部」**となります。

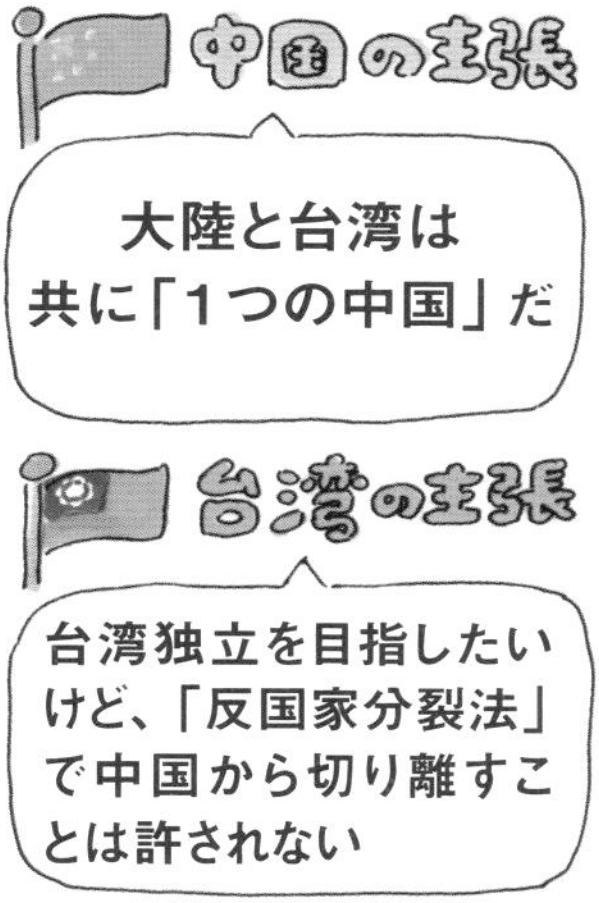

以降も、台湾では本省人と外省人の対立が続きましたが、1988年、台湾で初めて本省人の総統となった李登輝《りとうき》は、憲法を改正し、国民の直接選挙による総統選を実施。**「台湾の独立は宣言しないけれど、別々の国である」**という立場を取り、**民主化政策**を進めました。というのも、台湾と中国は「反国家分裂法」で、「台湾は中国の一部である」と定められているからです。

2014年、馬英九《ばえいきゅう》政権が、**中国との経済的つながりを重視し、「海峡両岸サービス貿易協定」を強行採決**したときには、学生たちによる**デモが発生**（ひまわり学生運動）。2020年の大総統選挙では、中国寄りではなく、実質的な独立派の立場を取る蔡英文《さいえいぶん》が再選しました。

このように、「1つの中国」として勢力を拡大したい中国に対し、香港、台湾は、支配に異を唱えて反発し、たびたびデモを起こすのです。

なぜ

「朝鮮半島」は中国にとって重要なのか?

中国と日本の間にある朝鮮半島。かつては米ソ冷戦の場であり、
米中の代理戦争ともいわれる朝鮮戦争は休戦状態。
日本への敵対心は、その前からありました。

勢力角逐

朝鮮半島 → 日清修好条規 →
清は従属国とみなす
日本は認めない
認識の違い

朝鮮王朝 → 日朝修好条規 →
清は従属国にしたい
日本は朝鮮王国を独立させたい
思惑の違い

朝鮮半島に連なる遼東《りょうとう》半島 → 下関条約 →
日本は領土としたい
清とロシアは認めない
利害の不一致

朝鮮半島 → 第二次世界大戦後 →
ソ連と中国 vs
アメリカ(日本)
対立の場に

つまり

ロシアとアメリカに対する防波堤のような場所だから

朝貢関係にあった中国と朝鮮

朝鮮半島では、1392年に朝鮮王朝が興《おこ》りました。この頃、明《みん》は周辺国に「貢ぎ物を持って挨拶に来れば交易する」という「朝貢《ちょうこう》体制」を強いており、朝鮮王朝も朝貢国の1つでした。明は自分たちを**「宗主国《そうしゅこく》」**（上位）とし、朝鮮を**「従属国《じゅうぞくこく》」**（下位）と位置付けていました。

ただし、従属国の内政や外交には干渉しない、というスタイルを取っていました。

17世紀に明が滅び、清《しん》となると、明と親しかった朝鮮は清から攻撃され降伏。ベトナム、タイ、琉球王国などと共に清の従属国となり、**朝貢関係**を結びます。

一方で、明の時代から増加した密貿易により、朝貢関係にない国（イギリス、インドなど）は清朝に対して、朝貢を伴わない**自由な貿易**を正式に求めました。清は、政府が関与しない商人同士の**「互市《ごし》」**を認めていたため、非公式に貿易をしていましたが、このときの清の考えでは、「互市」は政府が関与しない**民間貿易**、「朝貢国」とは**国と国の正式な関係**（かつ上下の関係にある）と区分けしていました。

朝鮮をめぐって「従属国」の認識違い

中国が世界の中心で、ほかの国や民族より優れているという**「中華思想」**を持っていた清は、貿易を求めてきた西洋諸国に対しても、この態度を変えようとはしませんでした。たとえば、アヘン戦争で清はイギリスに敗れ、不平等条約である南京条約を押し付けられたというのが通説ですが、当の清は「トラブルを鎮めるために結んだだけの条約」という認識にすぎなかったようです。

この認識の違いは、日本との国交を開くときに結んだ「日清修好条規」でも起きていました。「両国の所属邦土は、……いささかも侵越あるべからず」と相互不可侵を約束する1文を、清は「所属邦土には朝貢国である**朝鮮など従属国を含む**」ととらえており、日本は「朝鮮は独自に内政を行っていて、**清が支配統治してはいない**」と理解していました。

その後、日本は朝鮮とも「日朝修好条規」を結び、朝鮮を「**自主の邦《くに》**」と定めます。ところが清は、朝鮮を**「従属国」**のままの扱いでした。なぜなら、「もともと干渉はしていない」という理屈だからです。日本が朝鮮に侵攻してくることを恐れた清は、朝鮮の支配を強めていき、ついには朝鮮をめぐる日清戦争が勃発します。

●いつの時代も間にある朝鮮半島

　1895年、日清戦争は日本の勝利で終わり、清と日本との間には「下関条約」が結ばれます。この結果、**朝鮮は清から完全に独立**し、1897年に大韓帝国となります。さらに清は台湾とその近くにある澎湖《ほうこ》諸島、遼東半島を日本に譲渡。しかし、ロシア、フランス、ドイツが遼東半島を日本の領土にするのに反対したため、日本は遼東半島を清に返します。これが**「三国干渉」**です。

　このとき強く反対したのはロシアで、背後には清の存在がありました。清は朝鮮半島とそこに連なる東三《とうさん》省（中国東北地方）に日本の勢力が伸びるのを阻止するため、**ロシアと手を結んだ**のです。都である北京《ぺきん》に近い土地に、敵対する日本が進出してくるのを嫌がったためです。

　その後、第二次世界大戦を経て、朝鮮半島は、アメリカと国連軍側による民主主義陣営と、ソ連と中国側による社会主義陣営の**対立の場に**。今でも朝鮮半島は、北はロシア、西は中国、東はアメリカ（日本）がにらみを利かし、**侵攻されないための緩衝地域**として重要な場所となっています。

なぜ

「格差」があれほどまでに極端なのか?

「士（エリート）」と「庶（非エリート）」、
「官（役人）」と「吏（実務を行う者）」と「民（庶民）」など、
中国では古くから、身分の区分けによる待遇の差が大きくありました。

家柄で身分が決まる

―～唐―

官員は貴族が占めていた時代

貴族制度

―宋～清―

官僚は科挙合格者

科挙《かきょ》制度

実力主義になったがやはり家柄がモノを言う

―1958～1961年―

大躍進運動で農民大打撃

―改革開放―

多くの農民が都市へ出稼ぎに出て

大混乱

都市戸籍と農村戸籍との区別

家柄に縛られたまま

つまり

「富める家は富む」社会は昔から変わらない

官員になるのは貴族や地方の豪族

中国では、秦《しん》の始皇帝《しこうてい》が国を統一して以来、清《しん》の時代までは、**「天子《てんし》」である皇帝**が国のトップに君臨し、人々が暮らす「天下」を治める君主制が続きました。そして、**君主の手足となる官員**が配置されます。この官員をどう決めていたかというと、7～10世紀の唐《とう》の時代までは、実質的には、**家柄で官僚が決まる貴族制度**でした。土地を持つ地主が小作人を支配して、大きな勢力を有し、貴族となっていったのです。

この体制が変わるのは唐の次の宋《そう》の時代からです。法律や知識で行政を司る文人が優遇されるようになり、官僚を登用するために**「科挙」**（↓138頁）の試験が整備されます。これにより、貴族は権力や財産を世襲できなくなりました。

宗族から官僚を排出し、特権を得る

貴族制度が崩壊し、科挙制度がそれに代わったものの、科挙合格への勉強には莫大な資金と時間がかかるため、結局は経済基盤のある地主階級からしか合格者は出せません。

科挙に合格し、官僚になると経済的安泰が約束されたようなもの。官僚の任務を終えて地元へ帰ると、**地域で権力を持つ「郷紳《きょうしん》」**（↓142頁）という存在となり、現役の官僚とつながって**納税面で特権**を認められたり、**地方行政で影響力**を持ったりしました。こうした特権にあやかるために、血縁者から官僚を出すべく親族は団結したのです。

しかし1949年、中国共産党が「中華人民共和国」を建国すると、中国は社会主義の国となり、科挙は廃止され、郷紳も一掃されました。

そして、**「土地改革法」**というものを制定して農民を小作から解放し、国が農産物の売買を管理。農村から安く農産物を買い上げ、都市住民に安い価格で売るようになります。ところが1958年から始まった毛沢東《もうたくとう》の大躍進運動（↓114頁）で、稚拙な農業改革を強いられ、**農村の経済が大混乱**。食糧不足により多くの餓死者が出て、農村の人々は大打撃を受けました。

都市戸籍と農村戸籍で広がる格差

農村が苦しい生活を強いられている一方で、都市は工業化が進み発展。すると、農村からたくさんの人々が都市へ出ていくようになり、社会システムが混乱。そこで政府は、**都市戸籍・農村戸籍**を定め、農村からの人口流出を防ぎました。

国民は戸籍のある場所でしか暮らせないのが原則で、農村戸籍者は、都市では都市戸籍者と同じような社会保障は受けられず、自給自足を強いられています。一方、**都市戸籍者は教育や福祉の面で優遇**されているのです。つまり、この戸籍制度が国民の**貧富の差を広げ**、**格差を決定的な**ものとしているともいえるでしょう。

鄧小平《とうしょうへい》は、改革開放政策を掲げた際に、**「先《せん》富《ぶ》論」**を唱えました。それは「条件の整ったところから先に裕福になり、その影響でほかも豊かになる」という考えです。

しかし、歴史をさかのぼってみると、**格差が大きくなると庶民たちが反乱を起こし**、**王朝が交代する**のが常でした。「秦《しん》」「唐《とう》」「宋《そう》」「元《げん》」「明《みん》」「清《しん》」どの王朝も反乱で終わっています。そう考えると格差問題は、現在の中国において、決して放っておいていいことではないはずです。

なぜ

「腐敗」がなくならないのか？

習近平政権は、発足時から「反腐敗キャンペーン」を実施。
つまり、それだけ腐敗が蔓延している状況を示しているわけです。
歴史をさかのぼると、その体質・構造が見えてきます。

清の時代（18世紀）

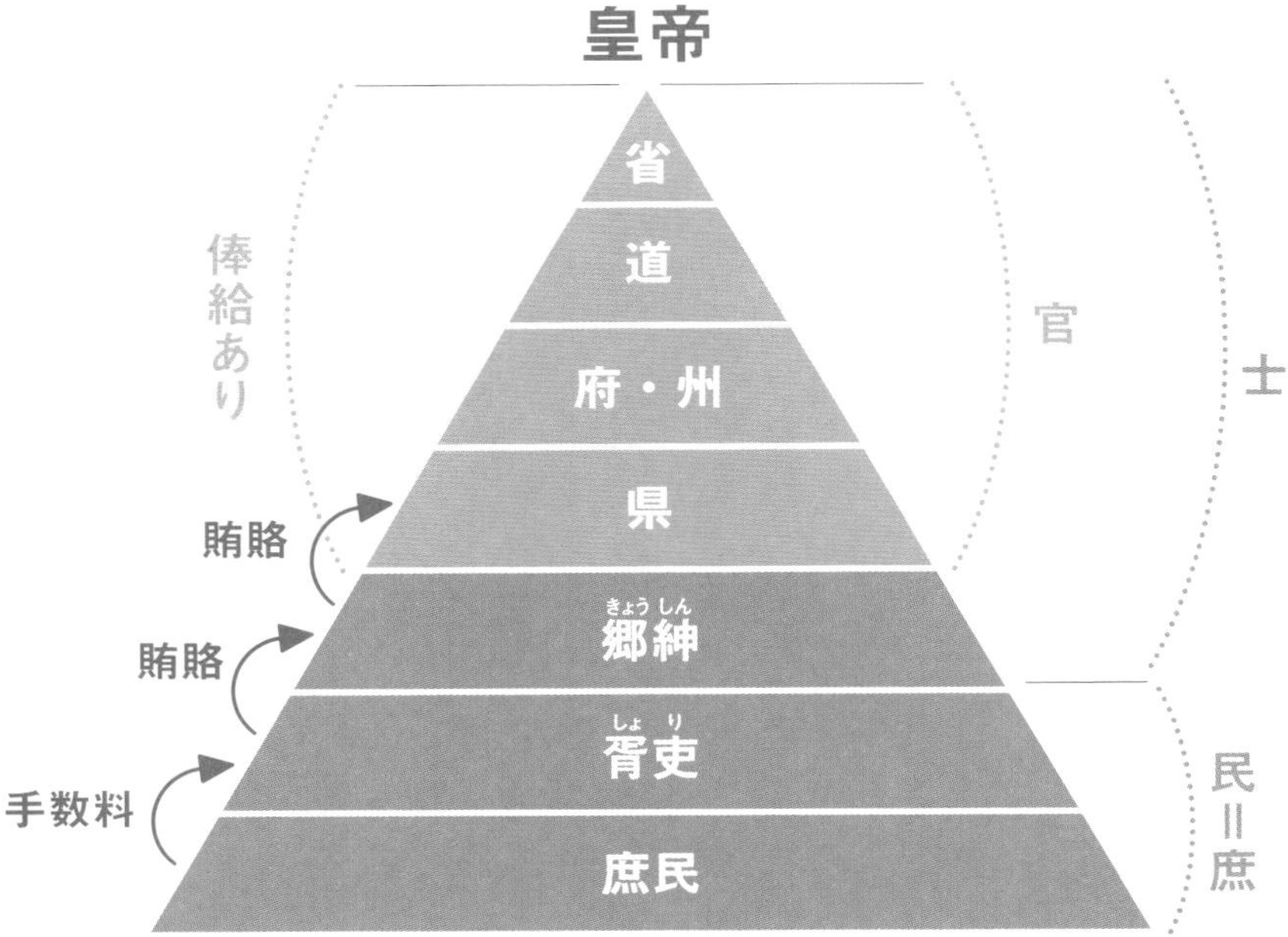

つまり

賄賂体質がある限り「官」と「民」はわかり合えない

●各地で役人と組んで実務を担った「胥吏」

日本で官吏《かんり》といえば役人（公務員）のことですが、中国では、10世紀頃の宋《そう》の時代から「官《かん》」は、政府の公務に当たる**官僚**、「**吏**《り》」は各地方で現地雇用される**事務労働者**のことでした。

7世紀頃の唐《とう》の時代までは、政府は農民になるべく課税しない代わりに労役させ、地元の行政サービスも農民たちで行っていました。政府はそれを監視する官僚を少数派遣するだけでした。

広大すぎる領土ゆえ、政府は地方にその土地と関わりのない官僚を派遣し、定期的に交代させ、官僚が土地の人間と結託して反乱などを起こすのを防いでいました。官僚にとっては、異国のような地に転勤させられる形に。そこで**地元で実務を担わせる「胥吏**《しょり》**」**という役割の人材を募集し、官僚とともに行政を行っていたのです。

しかし胥吏は政府が派遣した官僚ではないので給料が支払われません。そこで**庶民から勝手に手数料を取ったりして**、**賄賂が発生**。胥吏はもともと不正なお金で暮らしていたのです。

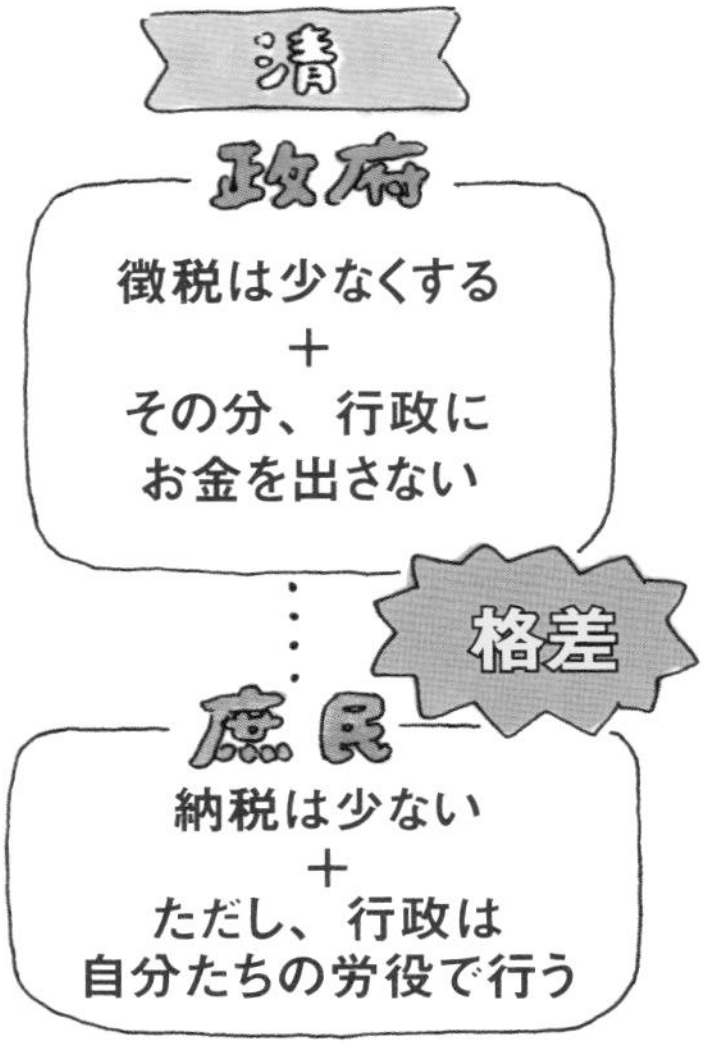

少ない財政のせいで不正な付加税が増大

17世紀の清《しん》の時代になると、国の統治スタイルは、「省─道─府・州─県」の4段階に。末端の県知事は、約30万人ほどを治める規模となり、官僚である県知事の下には多数の胥吏がいました。ところが、政府から支給されるのは官僚までの人件費のみで、経費や実務手当などはなく、それらのお金は、**官僚が胥吏に命じて、庶民から割増し付加税の形で徴収**していました。これは政府が正式に認めたものではありませんが、必要悪として黙認され、慣習化します。

この**付加税**の慣習が**賄賂の根源**となります。というのも、政府が正式に増税すると、そこにまた付加税をかけるから、かえって庶民の負担が増えると考え、なかなかこの体質が改善されなかったのです。しかも末端で取り上げたこの税金は、上級官僚にまで行き渡り、正規の俸給の千倍以上を着服していたとも。こうして「**上からは少ない俸給しか出ないため、下から賄賂で吸い上げる**」という悪しき構造ができあがっていきました。

どこまでも続く上下の乖離と賄賂

県知事たちは、私費で秘書を雇うことも多かったのですが、19世紀には、**科挙《かきょ》に合格し、任務を終えた官僚**が地元に帰って秘書になっていきました。彼らを**「郷紳」**といいます（↓142頁）。郷紳は元官僚なので、庶民と官僚の中間的な立場で、**胥吏とも結託**しました。「官」は「民」と直接関わらなくとも徴税できればいいので、非常に役立つ存在でした。こうして「官」と「民」

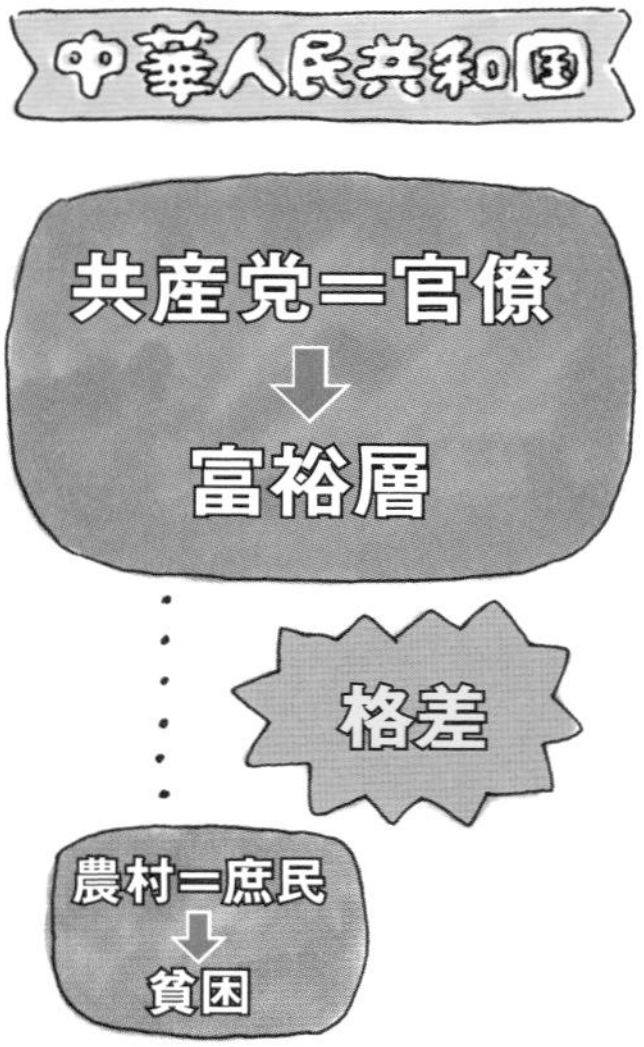

の乖離は進み、付加税や賄賂は続きました。

20世紀になり、孫文《そんぶん》らが中華民国を建国、共和制が敷かれます。任官の試験である科挙もなくなり、胥吏も郷紳も姿を消します。しかし、それまで積み重ねてきた「官」と「民」の立場の違い、**身分の格差はなくなりませんでした。**

政権をとった国民党は、富裕層や資本家とつながり、官と民の乖離は変わらないままでした。

その後、農民を基盤とした共産党が中華人民共和国を建国し、腐敗を一掃。官民の一体化を目指したものの、毛沢東《もうたくとう》の政策は失敗に終わり、国家経済は疲弊。鄧小平《とうしょうへい》の「改革開放」政策により経済成長を果たしますが、**富を得たのは共産党員と国とつながる関連企業のみでした。**共産党＝役人（官僚）ですから、そこにまた腐敗が生まれ、**「官民乖離」**の構造は変わらずです。つまり、歴史的な構造と習慣が根付いているのです。

なぜ

厳しい「言論統制・ネット検閲」をするのか?

日本でおなじみのSNSでも、中国では使えないものがいくつかあります※。
中国では検閲を通っていないSNSは使用できない法律があるからです。
中国政府の「規制」について、歴史をたどってみました。

※ Facebook、Twitter、Instagram、YouTubeなどは世界的に広がる通信サービスですが、中国では使用できません(2020年5月現在)。

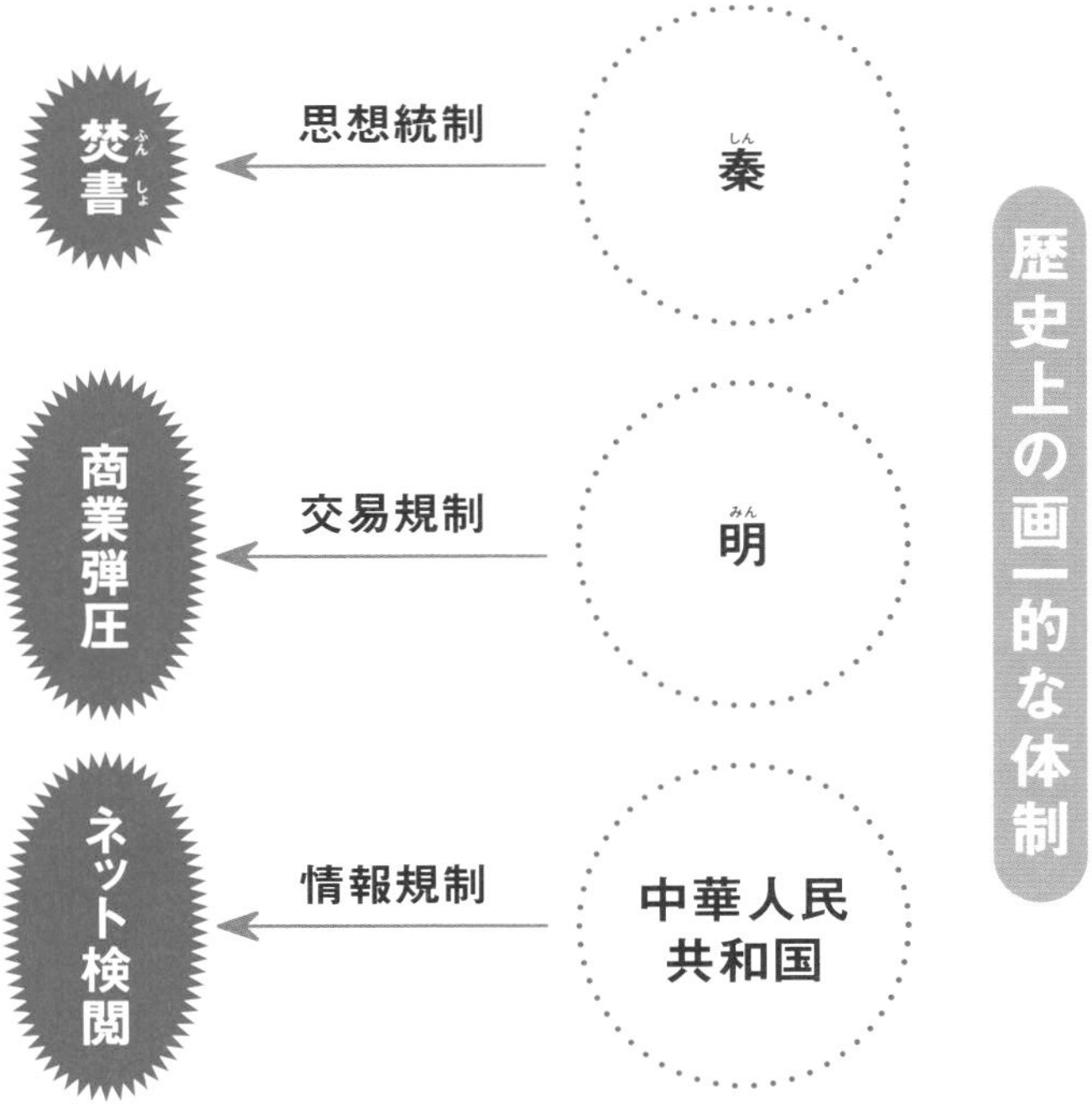

つまり

民間の反発を恐れ、国は支配を強める 常に「支配」と「非支配」の構造だから

●始皇帝の「焚書」は思想統制

秦の時代、始皇帝《しこうてい》が**「焚書」**を行ったことは有名です。具体的には、医学薬学、農業、占いなどの実用書以外の書物（主に儒教の思想書）

を焼き払えという指令で、**「思想統制」**ともいえるでしょう。なぜそんなことをしたのでしょうか。

それまで多くの国が分立し、世襲の貴族たちがバラバラの支配を行っていましたが、秦では、中央政府が派遣する官員に各地を画一的に統治させる**郡県制**に変えようとしました。別の言い方をするなら、これまでは徳のある人が下々の者へ教えを説きながら治める**「徳治《とくち》」**でしたが、法律を使って秩序を保とうとする**「法治《ほうち》」**への変換を図ろうとしたのです。

国家のイデオロギーを変えるには、**それまでの思想や体制を「悪しきもの」と批判し、それを国民に広く知らしめる**必要があります。つまり、秦の前の周《しゅう》王朝では、儒教の教えを軸とした「徳治」だったので、それを否定するために「焚書」が行われたのです。

●締め付けが厳しいと反乱が起きる

中国の王朝は、「治められる側」から「治める側」への**反乱や暴動がきっかけで変わる歴史**が多く、「前の統治に対するアンチテーゼ」から、ときに厳しい政策が実施される時代もありました。

その1つが明の時代。それ以前の「宋《そう》～モンゴル帝国（元《げん》）」は多国・多元共存時代でしたが、明朝はそれを否定し、モンゴル人が作った文化、経済、政治、軍事を新たな制度に塗り替え、画一的な**「漢人だけの中華の王朝」**を目指しました。

1つが農業の回復と商業の弾圧です。まず土地の面積や条件を計測し直し、所属を明らかにして年貢を徴収。国税調査で戸籍を明らかにし、成人男性に労役を課しました。こうして「年貢と労役」を徴税の2本柱にし、対外的には鎖国体制へ。また、貧しかった華北《かほく》（北部）と、商業が発達していた江南《こうなん》（南部）の格差を解消するため、江南を弾圧。地主や官僚などの権力者に嫌疑をかけて虐殺し、それまで流通していた金銀を回収。物々交換に後戻りさせることまで試みました。

明の時代は、**「皇帝独裁体制」**といわれていますが、16世紀にモンゴル人の北方からの攻撃、17世紀には農村部、都市部での暴動が起こり、最終的には反乱で国が滅びます。その間には自由な文化の発展もありましたが、**「独裁」といわれる政治には、結局、反発がつきものなのです**。

●国を上げての監視・規制システムを構築

　現代に目を向けましょう。インターネットが世界をつなぐようになった20世紀後半から、中華人民共和国政府は、「金盾《きんじゅん》」というインターネットの検閲・規制システムを運用。これにより、国内外共に**中国政府に許可されていない通信サービスは使用不可に**。国や中国共産党が認めない**危険な情報はブロック**する姿勢を取っています。

　国内では認可された通信サービスは使えるものの、それらも**すべて監視**されていて、中国政府や**中国共産党の考えに反する情報は削除**され、そうした情報を流す者は特定されるという話も。

　政府の考え方に国民を染め、背くものは排除。この姿勢は、明の時代の画一的な「皇帝独裁体制」を思い出させます。14億人もの国民を監視し、**規制するのにインターネット時代は好都合**ともいわれています。なぜなら、中国ではスマホ決済が発達し、生活に不可欠となっているからです。情報の遮断と規制で国民の生活を把握し、誘導しようと考える国家は、世界でも類を見ません。それだけ政府は、歴史的に反乱を起こしてきた**民間の力を恐れているということでしょう**。

比較

「新型コロナウイルス」対応から見た中国と日本

中国の武漢《ぶかん》市で発生し、世界的大流行（パンデミック）を
引き起こした新型コロナウイルス感染症。
中国と日本の対応の違いからはそれぞれのお国柄が見えてきました。

1月

【中国】

・武漢市を封鎖
・交通網を停止
・病院の建設

3月

世界保健機構（WHO）がパンデミック宣言

3月

【欧・米・アジア】

欧・米・アジア各国で都市封鎖・外出規制・ソーシャルディスタンシング実施

4月

【日本】

・全国に緊急事態宣言を発令
ただし、罰則なし

【中国】

・1日の新型コロナウイルスにおける死者数がゼロになったと発表
・武漢市の都市封鎖を解除

2カ月半ぶり

世界中が1つの問題に直面している稀にみる事態

2020年5月現在

武漢では防護服を着た人たちが
街を消毒する光景が見られた

●世界中が共通の問題に直面した

２０１９年12月、中国湖北《こほく》省武漢《ぶかん》市で見つかった新型コロナウイルス感染症（ＣＯＶＩＤ－19）は、世界中に感染が拡大し、日本でも２０２０年４月に全国に**「緊急事態宣言」**が出されました。

発生地の武漢市では、１月23日から**都市封鎖**が行われ、３月上旬には、イタリア、スペインなどでも都市封鎖状態に。アメリカの都市でも**外出禁止令**が出て、ニューヨークでは人との距離を約２メートル取る「ソーシャル・ディスタンシング」を守らないと**罰金**も課せられるほどに。

一方で、世界的な流れは**「検査重視」**。検査により感染者を特定し、その感染者と接触した人も隔離し、感染の広がりを防ぐという考え方です。ところが日本では、都市封鎖も検査も世界標準では「遅れている」といわれています。世界中が

都市封鎖された都市からは人の姿が消え、外出を取り締まる警官の姿だけが見られた。

共通の問題に直面した状況の中、各国の考え、国民への対応などの違いも見えてきます。

いち早く大胆な都市封鎖を行った中国

世界に先駆けて１１００万人規模の武漢市を２ヵ月以上封鎖した中国。４月に「新型コロナウイルス感染症による死者がゼロになった」との発表と共に**封鎖は解除**されました。中国のこの対策を、世界保健機関（ＷＨＯ）は称賛していますが、中国は症状が現れていない感染者を算出していなかったことなどもわかり、隠蔽の疑念が噴出。中国共産党が「中国はウイルス制圧に成功した」との宣伝に躍起になっているのでは？との声も。

ただし、事実として中国は、大都市である武漢市を**丸ごと封鎖**し、**短期間にいくつもの病院を建設**。また、「人民戦争」を宣言して国を挙げてのウイルスとの戦いを強調し、いち早く非常

「不要不急の外出は自粛」にとどまった日本では、外出する人の数は減ったものの、マスク姿で出歩く人々が見られた。

事態の体勢を指示。こうした政府の指導のもと、**約2カ月で感染拡大を抑え込み**ました。まさに「中国＝強権」と感じるところですが、中国は歴史的に見ても**「官民乖離」**の国（↓179頁）。日本以上に地域差がある国ですから、民間の個別に配慮した対応などできないため、**強権的なトップダウン**にならざるを得ません。

●民間の意向に配慮する日本

一方、日本は**「官民一体」**のお国柄が見られました。歴史的に見ても、日本は江戸時代から政府と民間の距離が近い社会構造をしていて、現在でも互いに**顧慮《こりょ》・忖度《そんたく》**する部分が多く、「緊急事態宣言」発令までも、その様子が顕著でした。

日本政府は常に民間の意向や行動を気にしながら方針を固めようとし、国民の反対の声にもなるべく耳を傾けます。政府の強要は緩やかで、その分メディアがあおり、民間は困惑しつつも空気を読んで自粛を判断。検査の数が圧倒的に少ないこと、国民の行動規制をするのが遅かった点などで世界から批判されていますが、緊急時に**独断**で**即決しない**、**強い指示を出さない「官民一体」のお国柄**が、中国をはじめとしたほかの国と違うからでしょう。

索引

INDEX

ま

や

ら

わ

岡本隆司（おかもと・たかし）

1965年、京都市生まれ。現在、京都府立大学教授。京都大学大学院文学研究科東洋史学博士後期課程満期退学。博士（文学）。宮崎大学助教授を経て、現職。専攻は東洋史・近代アジア史。
著書に『世界史とつなげて学ぶ 中国全史』（東洋経済新報社）、『近代中国と海関』（名古屋大学出版会・大平正芳記念賞受賞）、『属国と自主のあいだ』（名古屋大学出版会・サントリー学芸賞受賞）、『世界のなかの日清韓関係史』（講談社選書メチエ）、『李鴻章』『袁世凱』（岩波新書）、『近代中国史』（ちくま新書）、『中国の論理』『東アジアの論理』（中公新書）、『中国の誕生』（名古屋大学出版会・樫山純三賞、アジア太平洋賞特別賞受賞）、『清朝の興亡と中華のゆくえ』（講談社）、『世界史序説』（ちくま新書）、『近代日本の中国観』（講談社選書メチエ）、『増補 中国「反日」の源流』（ちくま学芸文庫）など多数。

サクッとわかる ビジネス教養 中国近現代史

2020年6月25日 初版発行

監修者 岡本隆司
発行者 富永靖弘
印刷所 株式会社高山

発行所 東京都台東区台東2丁目24 株式会社 新星出版社
〒110－0016 ☎03（3831）0743

ISBN978-4-405-12010-5